AF222916

Das Christianeum in Altona 1730 - 1773
Universitätskonzept des König Christian VI

Britta Scholz
Stud.mag.germanistik
BA-Projekt
SDU Odense
Mentor Steffen Arndal

Vorwort

Zuerst möchte ich Lektor Dr. Steffen Arndal an der SDU Odense für seine inspirierenden Vorlesungen und seine Kritik an meinem Projekt danken. Den wissenschaftlichen Mitarbeitern vieler verschiedener Institutionen, die meine Anfragen freundlich beantwortet haben, gebührt auch Dank, nämlich: Jürgen Helm, Uni Halle; Mogens Krasig Jensen, Bibliothek der SDU; Bärbel Mende, Bibliothek des Museum für Hamburgische Geschichte; Dr. Hinrichsen, Altonaer Museum und den Bibliothekaren der Bibliothek Give, die mir viele der ältesten Dokumente für die Arbeit in unserem lokalen Lesesaal aus dem Reichsarchiv in Kopenhagen und anderen Bibliotheken besorgten. Des weiteren danke ich meinem Patenonkel Rudolf Lohn, meinem Vater Willy Scholz; unserem Freund, dem Mitarbeiter am Altonaer Museum, Henning Homann und meiner Tochter Hilda Jensen für die konstruktiven Diskussionen. Meinem Sohn Sven Bjarke Gudnason gebührt die Ehre eines satztechnisch ausgereiften Berichts. Zuletzt gebührt der größte Dank meinem Lebensgefährten Anker Jensen, der mich in meinen Bemühungen an der Universität vollauf ermutigt und immer unterstützt hat. Dieser Text wurde am 19.11.2006 als Bachelorprojektaufgabe erstveröffentlicht.

Inhaltsverzeichnis

Herstellung und Verlag:
Books on Demand GmbH, Norderstedt
ISBN 978-3-8370-2736-5

Kapitel 1

Einleitung

Während meines Studiums der deutschen Sprache an der Universität Odense erstreckte sich unser literaturgeschichtlicher Zeitrahmen von der Aufklärung bis zur Moderne. Die Zeit vor der Aufklärung gehört nicht zum heutigen Grundwissen der Sprachwissenschaften, sondern hat ihre eigene Studienrichtung, bzw. Spezialisierung nach dem Grundstudium. Die Aufklärung ist also bereits in unserem Lehrplan als Paradigmaänderung berücksichtigt. Eine religiös betonte Strömung der Aufklärung ist der Pietismus.

Mein großes Interesse gilt den Besitzungen des dänischen Königshauses im 18. Jahrhundert, in denen Deutsch gesprochen wurde, insbesondere Schleswig und Holstein mit der Stadt Altona. In Altona hat der dänische König Chr. VI[I] am Anfang der Aufklärung eine Ausbildungsstätte gegründet. Der Vergleich des neugegründeten Christianeums 1744 mit der zu diesem Zeitpunkt 265 Jahre alten Universität Kopenhagen könnte vielleicht Aufschluß über die Aufgeklärtheit des dänischen Königs geben.

Hat der pietistische König Chr. VI seine idealen Vorstellungen in die Ausbildungsstätten des Landes einbringen können? War Altona der Freiraum für Experimente, den Chr. VI in Kopenhagen nicht hatte?

1.1 Die Grundlagen

1.1.1 Quellen

Meine Quellen stammen zu einem Teil aus der Königlichen Bibliothek Dänemarks in Kopenhagen, des Weiteren aus der Universitätsbibliothek an der SDU und den öffentlichen dänischen Büchereien, dem Reichsarchiv und

---

[I]König Christian VI von Dänemark *30.11.1699 †6.8.1746

dem Landesarchiv Schleswig-Holstein, andererseits aus meiner privaten Bibliothek, samt der Bibliothek unseres Freundes Henning Homann und sind durch Quellen aus dem Internet ergänzt. Bei den Rahmeninformationen zur Entstehung habe ich u.a. Quellen zweiter Hand verwendet, da die Arbeit in den verschiedenen Landesarchiven den Zeitrahmen eines BA-Projektes sprengen würde. Alleine die Beschaffung der gefundenen Materialien erstreckte sich über einen Zeitraum von $11\frac{1}{2}$ Monaten.

1.1.2   Stiftungsbriefe (Fundats)

Die Stiftungsbriefe, auf Dänisch 'Fundats'[II], sind für beide Ausbildungsstätten von dem dänischen König Chr. VI ausgefertigt worden. Für das Christianeum wurde eine Kopie des originalen Stiftungsbriefes von 1744[1] vom Reichsarchiv zur Verfügung gestellt, für die Universität Kopenhagen habe ich den Stiftungsbrief von 1732 in Abschrift in Band 2 von Norvins Chronik.[2] Beide Stiftungsbriefe liegen im Anhang in Abschrift vor.

Da die beiden Stiftungsbriefe aus derselben Quelle stammen, habe ich die Vermutung, dass der König oder seine Beamten ähnliche Verfahren und Regeln bei gleichen Institutionen gelten liessen. Die Universität in Kopenhagen hat bestehende Privilegien und Zusagen verstorbener Könige, während das Christianeum neu gegründet wird, weshalb der König beim letzteren neue Maßstäbe setzen konnte.

1.1.3   Methode

Ich arbeite mit dem Vergleich der beiden Stiftungsdokumente und versuche durch Belege aus anderen Quellen den zeitgemäßen Zusammenhang zu verstehen. Damit ich den Pietismus richtig beurteilen kann, lege ich die Lehrkonzepte August Herman Franckes[III] als pietistisches Beispiel zu Grunde.

Da Zahlen oft schwer in ein verständliches Verhältnis zu setzen sind, habe ich zum besseren Verständnis für die Herkunftsdaten der Studenten in Altona und Kopenhagen jeweils eine Grafik erstellt(S. Abb. 2.5 und Abb. 2.6).

In den Quellenverweisen habe ich jeweils nur den Autorennamen mit den Seitenzahlen angegeben, während die genauen Daten zu den Werken dieser Autoren im Literaturverzeichnis vorhanden sind. Die Fußnoten sind mit römischen Zahlen, die bei jedem Kapitel wieder mit 'I' beginnen , die Quellenverweise mit arabischen Zahlen gekennzeichnet. Die Quellenverweise sind teilweise auch in den Fußnoten vorhanden, und sie sind fortlaufend pro

---

[II]Da 'Fundats' aus dem dänischen Amtsdeutsch nicht den Eingang in die deutsche Sprache geschafft hat, bezeichne ich 'Fundats' konsequent als Stiftungsbrief, genau wie die deutsche Ausgabe von Chr. VI. heißt.

[III]August Hermann Francke *12.3.1663 in Lübeck †8.6.1727 in Halle

Seite. Für alle Abbildungen sind die Quellen sowohl im Bilduntertext, als auch im Abbildungsverzeichnis zu finden. Für Zitate aus den Stiftungsbriefen ist die Notation '(Anhang X, S. XX)', die auf die Seite in dieser Arbeit verweist, wo diese im Zusammenhang gelesen werden können.

Bei historischen Personen habe ich, soweit möglich, bei der ersten Erwähnung in der Fußnote die Geburts- und Todesdaten angegeben. Für einige der genannten Personen konnte ich keine Daten finden.

1.1.4 Werkzeug

Da ich mit der korrekten Nummerierung von Quellenangaben, Abbildungen und Literaturhinweisen samt den Untertexten zu den Abbildungen in den gängigen Programmen größte Schwierigkeiten hatte, ließ ich mich von meinem Sohn überzeugen, die Aufgabe in der wissenschaftlichen Software LATEX zu schreiben. Das war gewöhnungsbedürftig, aber ich bin jetzt mit der Dokumentation und dem Format zufrieden.

1.1.5 Aufklärung

Dem Begriff Aufklärung lege ich den von Steffen Arndal veröffentlichten Ansatz in seinem Kapitel 'Die Aufklärung'[3] zu Grunde. Dort wird die Epoche auf den Zeitraum 1720 - 1800 datiert, was jedoch auf die deutsche Literatur gemünzt ist. Die Einführung der naturwissenschaftlichen Erkenntnis als Ersatz für gottgegebene Verhältnisse und die Verschiebung des Fokus von Gott auf das 'Naturkind Mensch' sind wesentliche Kennzeichen der Aufklärung. Demzufolge ändern sich auch die politischen Zielsetzungen. Der König wird zum 'ersten Diener des Volkes' und 'von Gottes Gnaden' tritt in den Hintergrund. Dennoch behält das Ständesystem seine Funktion und Gültigkeit, obschon das Bürgertum ein wesentliches Selbstbewußtsein zu entwickeln beginnt. Dieses Selbstbewußtsein ist der Keim zur späteren Demokratie. Die Vernunft wird als angeborene Eigenschaft des Menschen angenommen, die jedoch gepflegt werden sollte, und durch den verringerten Fokus auf Gott und Kirche gibt es größere religiöse Toleranz. Wie der preussische König Friedrich II[IV] es formuliert: jeder werde selig 'auf seine eigene Fasson'[4]. Ausserdem nimmt die aufkeimende Industrialisierung Einfluß auf die Art und Weise, wie man den Menschen betrachtet. Man beginnt den Menschen sozusagen auseinanderzunehmen, um seine Funktionsweise erklären zu können. Ein Vertreter dieser Auffassung ist Descartes[V][5]

[IV]König Friedrich II von Preussen *24.1.1712 in Berlin †17.8.1786 in Potsdam
[V]René Descartes *31.3.1596 †11.2.1650 in Stockholm

1.1.6   Pietismus

Pietas[VI] ist das lateinische Wort für 'Pflichtgefühl'[6] und der Begriff Pietismus bedeutet heute das Streben nach Frömmigkeit[7]. Der Pietismus ist in den verschiedenen Lexika oft nur unzureichend als Frömmelei beschrieben. Ich halte mich jedoch an die Ergebnisse der neuesten Pietismus-Forschung. Das internationale Symposium im November 1997, das Forscher aus allen wissenschaftlichen Bereichen versammelt[VII] hatte, führte zu einer ganzen Reihe wissenschaftlicher Veröffentlichungen über den Pietismus. Im Lebensbereich Erziehung und Ausbildung ergibt diese Forschung,

> *daß das in Pietismus und Aufklärung anerkannte Kindheit-und Erziehungsverständnis nicht nur für die entsprechenden Erziehungs- und Bildungskonzepte Geltung hat, sondern in beiden Bewegungen zugleich erkenntnis- und handlungsleitendes Paradigma ist...* [8]

Im Bildungsbereich verstehe ich auf Grund dieser umfassenden Forschung, dass der Pietismus sich auf drei Pfeiler stützt, nämlich Vernunft, Fleiß und als ethische Verankerung 'das Bekenntnis des Christlichen Apostolischen Glaubens'[9]. Der Wert, der später auf das Erlernen des Katechismus gelegt wurde, ist oft größer gewesen, als z. B. Philip Jakob Spener[VIII] sich gewünscht hatte[IX]. Daraus entstand der Eindruck von ausschließlichem Fundamentalismus bei Nicht-Pietisten, der in der Beurteilung der Bewegung zu wenig Differenziertheit ermög-lichte.

1.1.7   Pädagogik August Hermann Franckes

August Hermann Francke gilt als der Systematiker und Organisator der Pietistischen Bewegung[12]. Peter Menck hat sich seit gut 40 Jahren mit diesem Theologen und Universitätsprofessor beschäftigt und viele der Autoren, die aufgrund des Symposiums neue Forschung veröffentlicht haben, beziehen sich auf ihn, weshalb ich mich auf seine Forschung stütze.

[VI]'pietās', 'ātis', *f.* ('pius'), Pflichtgefühl; 'erga (in) deos' Frömmigkeit, 'erga parentes' kindliche Liebe, Ergebenheit, 'in amicum' Anhänglichkeit, (bei Curtius) 'in patriam' Vaterlandsliebe

[VII]Das internationale Symposium des Zentrums für Pietitsmusforschung an der Martin-Luther-Universität Wittenberg-Halle fand vom 13.-15.11.1997 im Haupthaus des 1698 von August Hermann Francke gegründeten Halleschen Waisenhaus statt.

[VIII]Philip Jakob Spener(*13.1.1635,Rappoltsweiler im Elsass in Frankreich †5.2.1705 in Berlin) wird gemeinhin als Vater des Pietismus bezeichnet.[10]

[IX]Katechismen sollten nicht umfassender sein als Luthers kleiner Katechismus, damit die Jugend daran gewöhnt werde, selbst nachzudenken. Außerdem war das Bibelstudium wichtiger als Predigten, damit sich der Glauben nicht auf eine menschliche Autorität stützte.[11]

> *Francke hat in der Organisation des Erziehungswesens Vorbildliches geleistet, das ist anerkannt: Er hat ein richtungsweisendes System von Schulen aufgebaut, insbesondere Realienfächer eingeführt; und er hat eine planmäßige Ausbildung von Lehrern auf die Bahn gebracht. ... Und das mit Erfolg, denn auch die Breite seiner Wirksamkeit ist unbestritten, worauf immer man sie zurückführen mag, auf seine Persönlichkeit oder den günstigen Zeitpunkt seines Wirkens.*[13]

Eine mir wichtige Erklärung gibt Peter Menck zu dem Begriff 'Eigen-Wille'[14], der durch Fehlinterpretation vieler Wissenschaftler Franckes Ruf stark lädiert hat. Gut dokumentiert und argumentiert erklärt Menck, dass 'Eigen-Wille' sowohl bei Francke, als auch schon bei Martin Luther[X], etwas zwischen Egoismus und sündigem Verlangen nach z.B. gottgleicher Geltung bedeutet, also ein Begriff, für den wir heute nicht einmal ein Wort haben. Wenn Francke und Luther also den 'Eigen Willen' brechen wollen, so wird ihnen oft untergeschoben, den freien Willen des Menschen brechen, ihn also knechten zu wollen. Auch von einem Rationalisten müßte die Argumentation von Ausbildung und Knechtung zugleich als aberwitzig erkannt werden. Denn Francke sagt ausdrücklich:

> *'auch der Verstand [muß] heilsame Lehren fassen, wann der Wille ohne Zwang folgen soll'*[15]

Menck beweist auch, dass die Wissenschaftsfeindlichkeit, die Francke oft vorgeworfen wurde, auf Mißverständnissen beruht. Sowohl in Franckes Schriften als auch in seinen Schul- und Lehrkonzepten wurde Wert auf nützliche Wissenschaften gelegt, und sie wurden auf vielerlei verschiedene Art, insbesondere im Realienunterricht, in den Unterricht von Schülern und Lehrern eingearbeitet. Francke war es wichtig, dass Wissenschaft nicht als Plattform zum 'Eigen Willen' mißbraucht wurde, sondern immer dem Wohl der Allgemeinheit und der Ehre Gottes diente.

Franckes Konzepte für Schüler/Studenten und für Lehrer fasse ich in den jeweiligen Abschnitten in meinem Vergleich zusammen.

1.1.8 Vernunft

Die beiden Strömungen 'Aufklärung' und 'Pietismus' definieren den Begriff Vernunft unterschiedlich. Bei Kant[XI] ist die 'gesunde Vernunft' Logik oder die Fähigkeit zu erkennen, um Aberglaube, Mystik und Lügen entlarven zu können. Bei den Pietisten ist die Vernunft, die bei Francke mit 'Verstand' benannt wird, die Gabe, das Böse zu erkennen und den direkten Weg zu

---

[X]Martin Luther *10.11.1483 Eisleben †18.2.1546 ebenda
[XI]Philip Immanuel Kant *22.4.1724 in Königsberg †12.2.1804 ebenda

Gott zu finden. Bei beiden läßt sich die Maxime finden, die von Nikolaus Ludwig von Zinzendorf[XII] so formuliert wurde:

> *Ein vernünfftiger Mensch soll aber nicht ungläubig, und ein gläubiger Mensch nicht unvernünfftig seyn.*[16]

1.2   Der historische Rahmen

Die Territorien des dänischen Königs umfassten vor 1868 weit mehr als das dänische Hoheitsgebiet, wie auch aus den vielen Titeln von Chr. VII[XIII] im Jahre 1773 hervorgeht:

> *Erbkönig zu Dänemark, Norwegen, der Wenden und Goten, Herzog zu Schleswig, Holstein, Stormarn und der Dithmarschen, Graf zu Oldenburg und Delmenhorst*[17]

Gegen Ende des großen Nordischen Krieges, in dem Schweden seit 1700 mit Dänemark, Russland und Sachsen-Polen kämpfte, lag Altona in Trümmern. Am 7. Januar 1713 rückten die Schweden in Altona ein. Am folgenden Tag kam der Heerführer Magnus Graf Stenbock[XIV] und verlangte 100.000 Taler Reparationsgeld, und da die Bürger Altonas nur die Hälfte auftreiben konnten, steckte er am Abend um 23:30 Uhr die Stadt an. 959 Häuser und 274 Buden fielen dem Brand zum Opfer. Verschont blieben 3 Kirchen und 30 Häuser.[18] Die vom dänischen König berufenen Stadtobersten hatten sich als unfähig erwiesen, mit den Schweden zu verhandeln. Nach dem Schwedenbrand 1713 [19] tat Friedrich IV[XV] einen Glücksgriff für die Stadt, von der so gut wie alles in Schutt und Asche lag. Er berief den Grafen Christian Detlev von Reventlow[XVI] am 16. März 1713 zum Oberpräsidenten, dem ungekrönten König der Stadt, der mit dem königlichen Dekret vom 18. März 1713 die Stadt wieder aufbauen durfte.[20] Der ungeheueren Bedeutung dieses Staatsmanns werde ich ein anderes Projekt widmen. Diese Arbeit beschäftigt sich mit einem Detail Reventlowscher Projekte, nämlich der Lateinschule zu Altona. Das heutige Christianeum, das seit 1738 besteht, hat die vielen Kriege und politischen Veränderungen überlebt und ist noch heute ein renommiertes altsprachliches Gymnasium in Othmarschen, einem Stadtteil Hamburgs. Das moderne und aufgeschlossene Konzept dieser Lehranstalt, die in den folgenden 150 Jahren über die Grenzen Altonas berühmt wurde und als einzige Lehranstalt bei einer Stadtbeschreibung im Brockhaus von 1837 genannt wurde, hat mich zur Forschung angeregt:

[XII]Nikolaus Ludwig von Zinzendorf *26.5.1700 in Dresden †9.5.1760 in Herrnhut
[XIII]König Christian VII von Dänemark *29.1.1749 †13.3.1808
[XIV]Magnus Graf Stenbock *12.5.1663 †23.2.1717
[XV]König Friedrich IV von Dänemark *11.10.1671 †12.10.1730
[XVI]Christian Detlev von Reventlow *21.6.1671 in Hadersleben †1.10.1738 in Tølløse

> *...Alle Straßen sind regelmäßig gebaut; die schönste ist die Palmaille; es hat ausgezeichnete Gebäude, wie das Rathhaus, die lutherische Kirche und das Waisenhaus, zählt gegenwärtig über 25.000 Einw., darunter gegen 2400 Juden; hat bedeutende Seiden-, Woll-, Baumwoll-, Seifen-, Zucker-, Tabak- und andere Fabriken, welche über 3.000 Menschen beschäftigen, große Brauerein, Essigfabriken und drei bedeutende Schiffswerfte, sendet jährlich viele Schiffe auf Herings-, Walfisch- und Robbenfang aus und treibt einen ausgebreiteten Handel auf der Nord- und Ostsee, dem mittelländ. Meere und nach Westindien. Zur Belebung des Handels dient eine eigene Bank und Börse und für wissenschaftliche Zwecke wirken mehrere gelehrte Anstalten, **darunter ein gutes Gymnasium**. In der dasigen kön. Münze werden auch für das Ausland bedeutende Summen geprägt. An der Spitze der Stadtbehörde steht ein kön. Oberpräsident.[21]*

1.2.1 Pietismus in Dänemark

Der Pietismus, der um 1670 in Deutschland als Reformbewegung zum Protestantismus entstand, erreichte den dänischen Hof in der Regierungszeit Friedrich IV. Seine ungeliebte erste Ehefrau Königin Louise[XVII], ihr Sohn Christian VI und dessen Frau Sophie Magdalene von Kulmbach-Bayreuth[XVIII] schlossen sich der pietistischen Bewegung an. Friedrich IV und seine zweite Ehefrau und Königin, Anna Sophie von Reventlow[XIX], liessen sich immer mehr vom Pietismus beeinflussen.[22] Der nachhaltigste Eindruck, den der Pietismus auf Dänemark gemacht hat, kam in der Sabbatverordnung zum Ausdruck, die jegliche Form von weltlichen Aktivitäten an Sonn- und Feiertagen verbot[XX]. Darüberhinaus äußerte sich aktive Nächstenliebe der Pietisten in einem besonderen Interesse für Bildungswesen und Armenfürsorge.

Als Christian VI König geworden war, versuchte er seinen Glauben und seine Taten, die teilweise von der Hofetikette bestimmt wurden, in Übereinstimmung zu bringen. Sein Wahlspruch war übrigens 'Deo et populo'[XXI]. Ihm wird u.a. eine Verordnung von 1735 zugeschrieben, in der der Kirchenbesuch als Bürgerpflicht verfügt wurde und eine weitere, die die obligatorische Konfirmation in seinem Hoheitsgebiet ab 1736 bestimmte.

Die Pietisten hatten ihre Anhänger am Hof in der Hauptstadt, im Stift Hadersleben und auf Südfünen.

[XVII]Louise von Mecklenburg-Güstrow *28.8.1667 in Güstrow †15.3.1721 in Kopenhagen
[XVIII]Sophie Magdalene von Brandenburg-Kulmbach *28.11.1700 in Schönberg bei Lauf †27.5.1770 in Kopenhagen
[XIX]Anna Sophie von Reventlow *16.4.1693 auf Schloss Clausholm †7.1.1743 ebenda
[XX]Diese Verordnung wurde von Friedrich IV am 21.4.1730 veröffentlicht. [23]
[XXI]Für Gott und mein Volk[24]

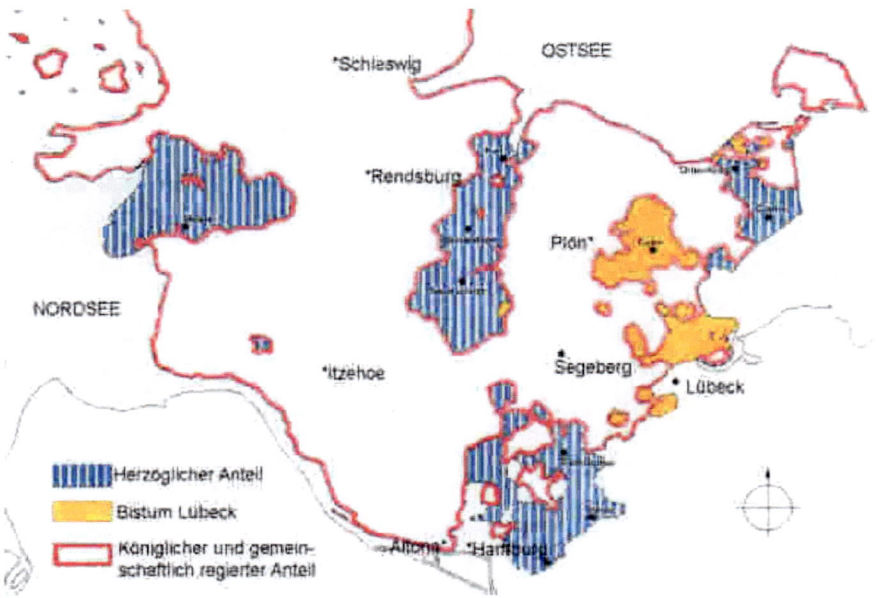

Abbildung 1.1: Gottorfs Besitztum nach den Nordischen Kriegen.
http://www.geschichte-s-h.de/vonabisz/bilder/gottorf10_600.gif

1.2.2 Gottorf

[25] Der Gottorfsche Herzog Christian Albrecht[XXII] hatte in der kulturel-
len Blütezeit des Herzogtums 1665 eine Universität in Kiel gegründet. Als
am Ende der Nordischen Kriege 1721 der dänische König einen großen Teil
des Herzogtums erobert hatte, und die Herzöge sich auf das Kieler Schloß
zurückziehen mußten, war das Herzogtum zu einem Duodezfürstentum ge-
worden[XXIII]. Da die Gottorfer sich durch Heirat (Herzog Carl Friedrich[XXIV]
mit Anna Petrowna[XXV]) mit den Russen verbündeten, blieben sie noch
mehrere Jahrzehnte ein Unruhefaktor in Norddeutschland. Nachdem Zarin

---

[XXII]Herzog Christian Albrecht *3.2.1641 auf Gottorf †27.12.1694 ebenda
[XXIII]'Duodezfürstentum' ist die spöttische Bezeichnung für deutsche Kleinstaaten. Der
Name leitet sich vom lateinischen Wort für Zwölftel 'duodecima' ab. Er bezeichnet
einen Staat im Kleinformat, in Anlehnung an das Duodezformat kleiner Bücher, deren
Druckbögen zu je zwölf Blättern gefaltet wurden.
[XXIV]Carl Friedrich (*1700; †1739) war 1702-1713 Herzog von Schleswig-Holstein-Gottorf
und 1713-1739 Herzog von Holstein-Gottorf.
[XXV]Anna Petrowna * 27.1.1708; †15.5.1728) war eine Tochter von Zar Peter dem Großen

Abbildung 1.2: Aus der *'Geschichte Altona's'* von E. H. Wichmann (1865). Die älteste Ansicht von Altona nach Lorichs Elbkarte von 1568, Altonawe links des Elbufers gegenüber vom Brock, S. 1

Katharina II[XXVI] 1767 auf alle russischen Erbansprüche bezüglich Gottorfs verzichtete, kam das Herzogtum Gottorf unter die Herrschaft des dänischen Königs, während im Austausch die Grafschaften Oldenburg und Delmenhorst[26] unter die Herrschaft des Zaren kamen.

1.2.3 Altona

Altona war nur ein Flecken vor den Toren Hamburgs, an dem Bach Altenau gelegen (s. Abb. 1.2). Der Überlieferung nach soll der Name jedoch aus dem Plattdeutschen kommen, und mit 'All to na' entsprechend 'All zu nah' darauf hinweisen[27], dass die Reisenden gerade eben Hamburg verlassen hatten, als sie schon den ersten Krug erreichten.

Heute ist Altona ein Stadtteil in Hamburg, genau wie die anderen vormals dänischen Orte Othmarschen und Wandsbek. Ein Teil des Stadtstaates Hamburg nördlich der Elbe erstreckt sich über einen Teil Holsteins, der früher dänisch war.

[XXVI]Zarin Katharina II *2.5.1729 in Stettin; †17.11.1796 in Zarskoje Selo

1.2.4   Schulwesen in Altona

Vor 1738

Die Quellen über Schulen und die Lehrinhalte sind dürftig. Neben etlichen Privatschulen, sogenannten 'Winkelschulen', gab es eine Lateinschule. Ihre Errichtung wurde auf Antrag des Magistrats 1682 gestattet.[28] Da die Gelder zum Bau fehlten, brachte man die Schule in einem dafür gemieteten Haus unter, nachdem ein Rektor und Konrektor eingestellt worden waren. Es mangelte jedoch an Schülern, weshalb die Schule 1690 wieder aufgegeben wurde.[29] Dann übernahm Reventlow die Aufsicht über das Schulwesen zusammen mit dem Probst. Letzterer nahm die Schulvisitationen vor und erstattete Reventlow Bericht.[30] 1708 gründete Reventlow die Friedrichschule als Lateinschule und bereits 1714 hatte er Pläne für das spätere Christianeum, wie aus seiner Bitte an den König hervorgeht. Reventlow erbat als größere Zuwendung für das Schulwesen die Befreiung von der Steuer, dem Sechsten und dem Zehnten. Er verwaltete die Schulgelder, bzw. delegierte die Aufgabe an zwei Schulprovisoren[XXVII], machte Vorschläge zu den Lehrergehältern und zur Besetzung der Lehrerstellen, die durch den König erfolgte. Die Lehrerstellen an den 'Nebenschulen'[XXVIII] wurden gemeinsam durch den Oberpräsidenten und den Probst besetzt.

Nach dem Tode Reventlows trug der neue Oberpräsident Altonas, Bernhard Leopold Volkmar von Schomburg[XXIX], dem König bei diesem Anlass vor, dass Altona einer durchgreifenden Verbesserung des Schulwesens bedürfe.

Aufbau des Christianeums nach dem Plan vom 1.4.1740

Die Anstalt war dreigeteilt in Vorbereitungsschule, Gymnasium und Pädagogium.[31] Das Gymnasium enthielt die vier klassischen Fakultäten Theologie, Philosophie, Rechtswissenschaften und Medizin. Heute würde man diesen Teil der Institution als Universität bezeichnen. Der Begriff 'Pädagogium' wurde von Francke geprägt. Damit war der Reformgeist der Institution schon in ihrem Namen betont. Das Pädagogium konnte von der Vollendung des 12. Lebensjahres an besucht werden. Die Schüler waren nicht in feste Klassenverbände eingebunden, sondern wurden ihren Leistungen entsprechend verschiedenen Kursen zugeteilt. So standen die Kurse auch den Gymnasiasten (=Studenten)[XXX] offen, die hier eventuelle Lücken in ihrem Wissen schließen konnten. Wie schon in der Friedrichschule wurde Redekunst

---

[XXVII]Ein Provisor war der gebräuchliche Begriff für einen Bürger.
[XXVIII]Nebenschulen waren Vorbereitungsschulen für Lateinschulen.
[XXIX]B.L.V. von Schomburg *20.2.1705 †1771 in Itzehoe
[XXX]Da die Bezeichnung für den Universitätsteil 'akademisches Gymnasium' war, waren die Gymnasiasten also Studenten

in Latein und Deutsch, Geschichte und Katechismus unterrichtet. Darüber hinaus gab es Geografie- und Mathematikunterricht. Im heutigen dänischen Ausbildungssystem entspräche diese Institution der HF in Dänemark, bzw. Aufbaugymnasium in Deutschland. Die Vorbereitungsschule erteilte Unterricht in Elementarfächern, wie Lesen, Schreiben und Rechnen. In den letzten Klassen der Vorbereitungsschule wurde schon grundlegender Lateinunterricht gegeben. Im heutigen dänischen Schulbetrieb wäre das die Volksschule. Nachdem Gottorf ab 1767 gänzlich dem dänischen König gehörte, beschloß er, dass in Zukunft in Kiel studiert werden sollte. Damit verlor das Christianeum 1773 seine Bedeutung als Universität durch die Einstellung des akademischen Lehrbetriebes. Als Trostpflaster behielt das Christianeum eine Ausbildungsstufe über der Prima, nämlich die Selekta, deren Besuch bis 1844 als Merit[XXXI] auf andere dänische Universitätsausbildungen angerechnet wurde.

Da nach Chr.VI der Pietismus in Dänemark seine Bedeutung am Hof verlor und der eigentliche Universitätsbetrieb am Christianeum 1773 aufhörte, beschränke ich den Vergleich der Kopenhagener Universität mit dem Akademischen Gymnasium des Christianeums auf den Zeitraum 1730 - 1773.

[XXXI]Merit ist im dänischen Ausbildungssystem ein Begriff für einen Übertrag, der Ausbildungen von anderen Institutionen, bzw. Erfahrungen als Ersatz für Leistungen oder Examen in einer neuen Ausbildungsinstitution anerkennt.

Kapitel 2

Der Vergleich

2.1 Die Einleitung der Stiftungsbriefe

Der Stiftungsbrief für die Universität Kopenhagen ist in Amtsdänisch verfasst, während der Stiftungsbrief für das Christianeum in Amtsdeutsch verfasst wurde. In der Einleitung beschreibt Chr.VI worum es in dem jeweils folgenden Brief geht.

2.1.1 Christianeum

In der Einleitung betont Chr.VI *'alle landesväterliche Vorsorge willig zu tragen'*(Anhang A, §A, S.47) - ich interpretiere diese Formulierung in 'verpflichtet zu sein' - dafür zu sorgen, seinen Untertanen eine *'dienliche und dem wahren Christenthum'*(Anhang A, S.47) fördernde Ausbildung zur Verfügung zu stellen, mit der Gründung des *'seminarium candidatorum ministerii ecclasastici et scholastici'*(Anhang A, §A, S.47), zugleich mit einem *'academischen Gymnasii und Pädagogii'*(Anhang A, §A, S.47) in der Stadt Altona. Schon in dieser Einleitung lassen sich typische Kennzeichen des Pietismus erkennen, nämlich Plichtgefühl, Frömmigkeit und Ordnung. Der König beschreibt sich selbst als jemand, der die Pflicht hat, wie ein Vater für die Bildung zu sorgen. Francke beschrieb die erwünschte Qualität eines Lehrers fast wortgleich:

> *'...mit väterlicher Zucht und liebreicher Sorgfalt...'*[32]

Die Adjektive 'fleißig' und 'fromm' zum Christentum sind typische pietistische Formulierungen. Und nicht zuletzt die Bezeichnung *'Pädagogium'* weist eindeutig auf den Einfluß von August Hermann Francke hin.

Die Beschreibung der Position des Königs, als 'Wir Christian der Sechste, von GOttes Gnaden König zu Dännemark...'(Anhang A, §A,S.47) ist jedoch eine Formulierung des Barocks und des Absolutismus. Sie kann einerseits aus Gewohnheit weiterverwendet werden, andrerseits widerspiegeln, dass Chr. VI sich dem höfischen Zeremoniell unterordnen mußte. Außerdem kann es sein, dass der König das Paradox, dass sich aus dieser Position zwischen Tradition und Glauben ergibt, nicht erkannte, da er seine eigene Position sicherlich nicht in Frage stellte.

2.1.2   Universität Kopenhagen

In der Einleitung beschreibt Chr.VI, dass das Dokument eine Reform und Verbesserung der Universitätsverhältnisse in Kopenhagen unter Rücksicht-nahme auf seine Ahnen bezwecken soll. Hier ist zwar Gott nicht direkt benannt, jedoch mit 'mit dem allerhöchsten Beistand und Segen' umschrie-ben. Diese Formulierung ist unter Berücksichtigung von Chr.VI bekannter Frömmigkeit zu unbedeutend, als dass sie einen pietistischen Anstrich ver-muten läßt. Schon am 7. April 1691 hatte der König einen Entwurf für einen neuen Stiftungsbrief von der Professoren der Universität angefordert. Dieser Entwurf liegt in Norvins zweitem Buch in Abschrift von S. 83 -113 vor.[33]

2.1.3   Zwischenbilanz

Während bereits die Einleitung des Stiftungsbriefes für das Christianeum mehrere Indizien für ein Werk unter Einfluß des Pietismus enthält, klingt aus der Einleitung für die Universität Kopenhagen eindeutig der Einfluß der Universitätsprofessoren auf die Erstellung des Stiftungsbriefes heraus. Die wichtigste Aussage in Kopenhagen ist, dass man die Rechte und Pflich-ten vergangener Könige respektieren will, während das Christianeum im wesentlichen fleißige und fromme Christen ausbilden soll.

2.2   Die Paragraphen und der Aufbau der Stif-tungsbriefe

Ich habe die Paragraphen der Stiftungsbriefe in Überschriften zusammen-gefaßt, um einen Überblick zu bekommen und im Verlauf der Arbeit die Zusammenhänge mit dem Pietismus darstellen zu können.

2.2.1   Christianeum

Im Stiftungsbrief für das Christianeum gibt es nur 23 Paragraphen.

§1 Finanzierung (Anhang A, §I, S.48)

§2 Aufnahmekriterien (Anhang A, §II, S.48)

§3 Zulassung ausländischer Studenten (Anhang A, §III, S.48)

§4 Pietistische Leistungsmerkmale (Anhang A, §IV, S.49)

§§5-6 Lehrplan (Anhang A, §V, S.49)

§§7-14 Rechte und Pflichten der Lehrer und Lernenden, u.a. Disputpflicht (Anhang A, §VII, S.50)

§15 Kost und Logisversprechen sowohl für Lehrer als auch Studenten(Anhang A, §XV, S.52)

§16 Kontrollorgane(Anhang A, §XVI, S.52)

§§17-18 Prüfungsprozedur(Anhang A, §XVII, S.52)

§§19-31 Bibelkunde, wie im Vorbild Halle(Anhang A, §XIX, S.53)

§22 Des Königs Recht, an diesen Bibelstunden teilzunehmen(Anhang A, §XXII, S.54)

§23 Versprechen bei guten theologischen Examina Ämter übernehmen zu können (Anhang A, §XXIII, S.54)

Bereits an diesem kurzgefaßten Überblick wird deutlich, dass Franckes Einfluß hier eine große Rolle spielt. Der §4 verlangt dieselben Qualitäten von den kommenden Lehrern, wie Francke, nämlich einen untadeligen, christlichen Lebenswandel zu führen.[34] Auf die einzelnen besonders typisch pietistischen Merkmale im Stiftungsbrief bezüglich der Studenten und Professoren gehe ich in den dazugehörigen folgenden Abschnitten ein.

Jedoch liegt hier bereits ein Lehrplan vor, der beschreibt, was in der Bibel besonders studiert werden soll und wie oft, in welcher Form und wo[35]. Das ist eindeutig Franckes Einfluß.

Das Dokument hat einen einheitlichen Stil, der vermuten läßt, dass es aus der Kanzlei des Königs stammt.

2.2.2 Universität Kopenhagen

Der Stiftungsbrief für Kopenhagen ist wesentlich umfangreicher, er hat 104 Paragraphen:

§§1-5 Stellenbeschreibungen der einzelnen Fachbereiche(Anhang B, §1, S.57)

§§6-13 Pflichten und Rechte der Professoren (Anhang B, §6, S.57)

§§14,16-17 Unterrichtsplan und -umfang (Anhang B, §14, S.59)

§§15,18-20 Pflichten der Studenten (Anhang B, §15, S.59)

§§21- 25 Rektor der Universität (Anhang B, §21, S.61)

§§26-33 Aufnahmekriterien (Anhang B, §26, S.62)

§§34-51 Examina (Anhang B, §34, S.63)

§§52-75 Rechte und Pflichten samt Aufsicht über die Studenten (Anhang B, §52, S.67)

§§76-79 Stipendien und Legate (Anhang B, §76, S.74)

§§80-83 Universitätsbibliothek (Anhang B, §80, S.75)

§§84-89 Finanzierung und Verwaltung der Finanzen (Anhang B, §84, S.77)

§90 Bestätigung aller Freiheiten, die vergangene Könige garantierten (Anhang B, §90, S.80)

§§91-93 Pension und Witwenversorgung (Anhang B, §91, S.80)

§94 Eigene Jurisdiktion (Anhang B, §94, S.81)

§95 Versprechen bei guten theologischen Examina Ämter übernehmen zu können (Anhang B, §95, S.81)

§§96-103 Versprechen von Leistungszulagen und deren Finanzierung (Anhang B, §96, S.81)

§104 Rechtsgültigkeit des Stiftungsbriefes (Anhang B, §104, S.84)

Wenn man intensiv nach pietistischen Zügen sucht, kann man die folgenden Zeilen in §33 sowie in §104 finden(eigene Übersetzung):
§33

> *[Der Dekan soll] sie(die Studenten) ermahnen, immerzu auf Gottesfurcht, Fleiß und Gehorsam Wert zu legen, samt ein schickliches und durch und durch anständiges Leben zu führen.(Anhang B, §33, S.63)*

§104

> *...[alle an der Universität sollen] , diesen unseren Stiftungsbrief in allen Punkten, Artikel und Worten mit einer Alleruntertänigsten Gehorsamkeit, und mit größten Pflichteifer und Treue aus ihrer äußersten Kraft, so befolgen, daß sie vor GOTT und UNS verantwortlich seien; Und auf alle Art dafür sorgen,*

> *daß die studierende Jugend keinesfalls vernachlässigt werde, son-*
> *dern sorgfältig beobachtet werde und zu GOTTES Kirche, unse-*
> *rer und unserer Reiche und Landesdienste gründlich herangebil-*
> *det in der wahren GOTTES FURCHT, samt auch in allen guten*
> *und Nützlichen Wissenschaften Gelehrtheit und unaufhörliche*
> *Übung.*(Anhang B, §104, S.84)

Diese wenigen Zeilen berechtigen nicht dazu, den gesamten Stiftungs-
brief als ein Werk des Pietismus[36] zu bezeichnen. Andere Anklänge zum
Pietismus sind vorhanden, u.a. in den §§ 18,19 und 20, jedoch weichen sie
kaum von dem Ton vorheriger Stiftungsbriefe der Universität Kopenhagen
ab, und sind deshalb nicht signifikant. Auch die Verwendung des Wortes
'fleißig' in mehreren Paragraphen kann nicht als ausschließlich typisch für
den Pietismus gedeutet werden.

Zu Beginn dieses Briefes kann ich mich des Eindrucks nicht erwehren,
dass hier bereits gegebene Verhältnisse mehr oder weniger dokumentiert
werden und nur geringfügige Änderungen zu diesem Status Quo durch-
geführt wurden. Dann jedoch wird er durch einen auffälligen Stilwechsel
ab §95 besonders interessant.

Bereits die ersten Worte in §95 machen die Stilwechsel deutlich (eigene
Übersetzung):

> *Um die studierende Jugend zu desto mehr Tugend und desto*
> *mehr Fleiß zu ermuntern, wollen Wir aus besonderer Königlicher*
> *Gnade auf Deren Beförderung, die sich an der Universität ande-*
> *ren voran durch Fleiß und Gelehrtheit bekannt gemacht haben,*
> *bedacht sein.*(Anhang B, §95, S.81)

Ist der Stil der vorangegangenen Paragraphen eher trockener Verordnungs-
text, eben ein Regelwerk, kommt die Handschrift des Königs hier deutlich
zum Vorschein. Der Landesvater macht ab hier vielerlei Versprechen, die
von den Universitätsprofessoren offenbar nicht erwartet oder vorformuliert
worden sind.

Unter Berücksichtigung der von der Universität erarbeiteten Vorschläge
für den neuen Stiftungsbrief, die nur teilweise angenommen wurden, glaube
ich, dass die ersten 94 Paragraphen aus den Vorschlägen der Universität re-
sultieren, während der König in den letzten 9 Paragraphen versucht, seinen
Einfluß geltend zu machen.

Ein weiteres Indiz dafür, dass dieser Stiftungsbrief mehrere Verfasser hat,
ist die fehlende Konsequenz in den Abschnitten. Die Pflichten und Rechte
der Studenten zum Beispiel verteilen sich über die §§ 15,18-20 und 52-75.

2.2.3 Unterschiede der Stiftungsbriefe

Die Überschriften, die ich erarbeitet habe, lassen erkennen, dass der Stiftungsbrief des Christianeums eine gradlinige Ordnung aufweist, im Gegensatz zu Kopenhagen. Die Ordnung ist ein signifikantes Merkmal des Pietismus[37]. Der Stiftungsbrief für das Christianeum ist ein schönes, konsequentes Regelwerk, dass noch nicht auf irgendwelche bestehende Sitten, bzw. Unsitten einzugehen braucht. Im Stiftungsbrief für Kopenhagen sind die bestehenden Sitten und Unsitten ein Grund für die vielen Paragraphen, da zu ihnen Stellung genommen wird.

2.2.4 Zwischenbilanz

Während der Stiftungsbrief in Kopenhagen von 1732 zum größten Teil wahrscheinlich auf der Arbeit der Gelehrten an der Universität beruht, ist der Stiftungsbrief am Christianeum von 1744 offenbar ausschließlich ein Werk der königlichen Kanzlei, bzw. König Chr. VI und ist eindeutig von pietistischen Maximen geprägt, nämlich Ordnung und wahre christliche Erkenntnis, während das erstere, wenn überhaupt, nur in wenigen Formulierungen dem Pietismus zugeordnet werden kann.

2.3 Die Architektur

Gebäude spiegeln seit jeher die Bedeutung und das Ansehen ihrer Funktion wider. Könige und Fürsten, Kaufleute, Bürger und Bauern haben mit ihren Häusern nicht nur die Wohn- und Arbeitsfunktion befriedigt, sondern auch immer ihren Status dargestellt. Deshalb liegt der Versuch nahe, hieraus Rückschlüsse auf die Bedeutung zu ziehen, die die Gründer den Institutionen beigemessen haben könnten.

2.3.1 Pietistisches Beispiel 'Hallesche Waisenhäuser'

'Das Historische Waisenhaus wurde als erster Bau der pädagogischen und sozialen Anstalten August Hermann Franckes zwischen 1698 und 1700 errichtet (s. Abb. 2.1). Erbaut mit Hilfe von Spenden, beherbergte es bis zur Konstruktion der Erweiterungsbauten rund um den Lindenhof sämtliche Einrichtungen der Stiftungen: u.a. Schlaf- und Unterrichtssäle, die Buchhandlung, die Apotheke und die Druckerei.'[38] Die Bezeichnung Waisenhaus hat nicht mehr viel mit elternlosen Kindern zu tun, sondern versteht sich eher als Internatsbegriff. Lehrer, Schüler und Studenten lebten unter einem Dach. Der Zweck dieses Konzeptes war, die leicht zu beeinflussenden Kinder

Abbildung 2.1: Das bauliche Konzept der Halleschen Waisenhäuser baut eindeutig auf dem Wunsch nach einem geschlossenen Rahmen der Anstalt. http://www.francke-halle.de/main/index2.php?cf=1_2

Abbildung 2.2: Kupferstich von 1805 aus 'Übersicht über die Geschichte des Königlichen Christianeums zu Altona', S.1 Dieser Kupferstich vermittelt deutlich das Konzept 'Ordnung' durch die Symmetrie des Gebäudekomplexes.

anhand guter Beispiele erziehen zu können. Viele der Kinder korrespondierten ausführlich mit ihren Eltern, und die Lehrer gaben Auskunft über die Kinder in sogenannten 'Diarien'.[39]

2.3.2 Christianeum

Der eigentliche Unterricht der ersten Studenten begann 1739 zunächst in dem Gebäude der Reventlowschen Lateinschule (Friedrichschule). In den folgenden 6 Jahren wurde die Anstalt ausgebaut und am 26. Mai 1744 die offizielle Einweihung gefeiert. Wie aus dem Kupferstich (Abb. 2.2)[40] hervorgeht, sind die Gebäude sehr symmetrisch (Ordnung) angelegt. Hinter dem Hof liegt das Gymnasium, dessen dreigeteilte Front sich um den Giebel der Lukarne[I] symmetrisch anordnet. Genau in der Mitte der Lukarne befindet sich im Erdgeschoß die imposante Eingangstür zum Gymnasium, die durch Bauschmuck um etwa ein Drittel größer erscheint als die Türen in den beiden Seitenflügeln an der Straßenseite. Um den Hof herum sind die Unterrichtsräume, bzw. Vorlesungssäle angeordnet. Die Hofmauer wird von den Göttern der Antike: Minerva ,Apollon , Diana und Mars geschmückt. Diese Figuren symbolisieren die Lehrziele des Christianeums. Chr. VI hat mit ihnen seine Verbundenheit zu den klassischen Ausbildungsidealen bildhaft dargestellt. Der rechte Flügel beherbergt die Wohnungen der Professoren, während der linke Flügel als Studentenwohnheim angelegt ist. Die Wohngebäude sind auch symmetrisch und die Eingangspartien spiegeln die Bedeutung ihrer Bewohner wider. Zählt man die der Straße zugewendeten

---
[I][http://de.wikipedia.org/wiki/Lukarne]

Fenster, beträgt die Fassadenbreite 39 Fenster. Leider konnte ich keinen Grundriss des Institutes in den Archiven finden.

2.3.3 Universität Kopenhagen

Die baulichen Ausgangpositionen der Kopenhagener Universität und des Christianeums waren ähnlich, da die Universität Kopenhagen bei dem Stadtbrand von 1728 stark mitgenommen worden war. U.a. war die Bibliothek so gut wie zerstört.

Das Hauptgebäude der Universität auf dem Stich(Abb. 2.3) im Hintergrund wirkt nicht besonders symmetrisch. Man kann 12 Fassadenfenster zählen, nur eines mehr als in dem Hauptgebäude des Christianeums. Die städtebauliche Enge der Großstadt Kopenhagen wird jedoch durch den Stich unterstrichen, auf dem das neuerrichtete Kommunitätsgebäude nicht vollständig abgebildet werden konnte. Trotz der Zerstörung bei dem großen Brand 1728, der sicherlich neue architektonische Möglichkeiten im Universitätsviertel Kopenhagens eröffnete, rekonstruierte man die Gebäude an denselben Orten. Das bauliche Durcheinander im Stadtteil(s. Abb. 2.4) lässt keine Einheit der Institution Universität vermuten. Die Ausdehnung der Universität mit den Wohnungen der Professoren, den Studentenwohnungen und den Universitätsgebäuden ist jedoch das Zeichen einer verhältnismäßig unabhängigen Gemeinschaft innerhalb der Hauptstadt.

2.3.4 Zwischenbilanz

Sowohl in Kopenhagen als auch in Altona mussten neue Gebäude und Bibliotheken geschaffen werden, da es keine geeigneten Gebäude nach den umfassenden Zerstörungen in beiden Städten gab. Die Kopenhager Universität hat hier eindeutig die grösseren Ausmaße, während das symmetrische Konzept der Anlage in Altona wesentlich mehr von der Moderne geprägt ist. Das Konzept der Ordnung im Stiftungsbrief ist im baulichen Konzept des Christianeums weitergeführt. Ähnlich den Halleschen Waisenhäusern leben und lernen hier Lehrer, Schüler und Studenten unter einem Dach. Durch die verschiedenen Elemente in dem Gebäude des Christianeums, kann bereits ein Gesamtkonzept gedeutet werden. Die alten, klassischen Wissenschaften der Philosophie und Redekunst, werden nicht einfach abgeschafft, sondern durch Bibel- und Realienunterricht erweitert. Die Dreiteilung ist ein Element des Gebäudes, des Stiftungsbriefes und der klassischen Philosophie und offensichtlich auch des Konzeptes des Königs.

Abbildung 2.3: Kommunitäts- und Auditoriumsgebäude. Das Kommu-
nitätsgebäude hatte beim Wiederaufbau nach dem Brand eine stilvolle
Fassade zur Nørregade mit Pilastern und Giebeln erhalten, um der Stadt
ein ernstes und würdevolles Gesicht zu zeigen. Kupferstich etwa 1760, Aus
Erik Pontoppidan:'Den Danske Atlas', 1764. Københavns Universitet 1479
- 1979, Band 4, S.185

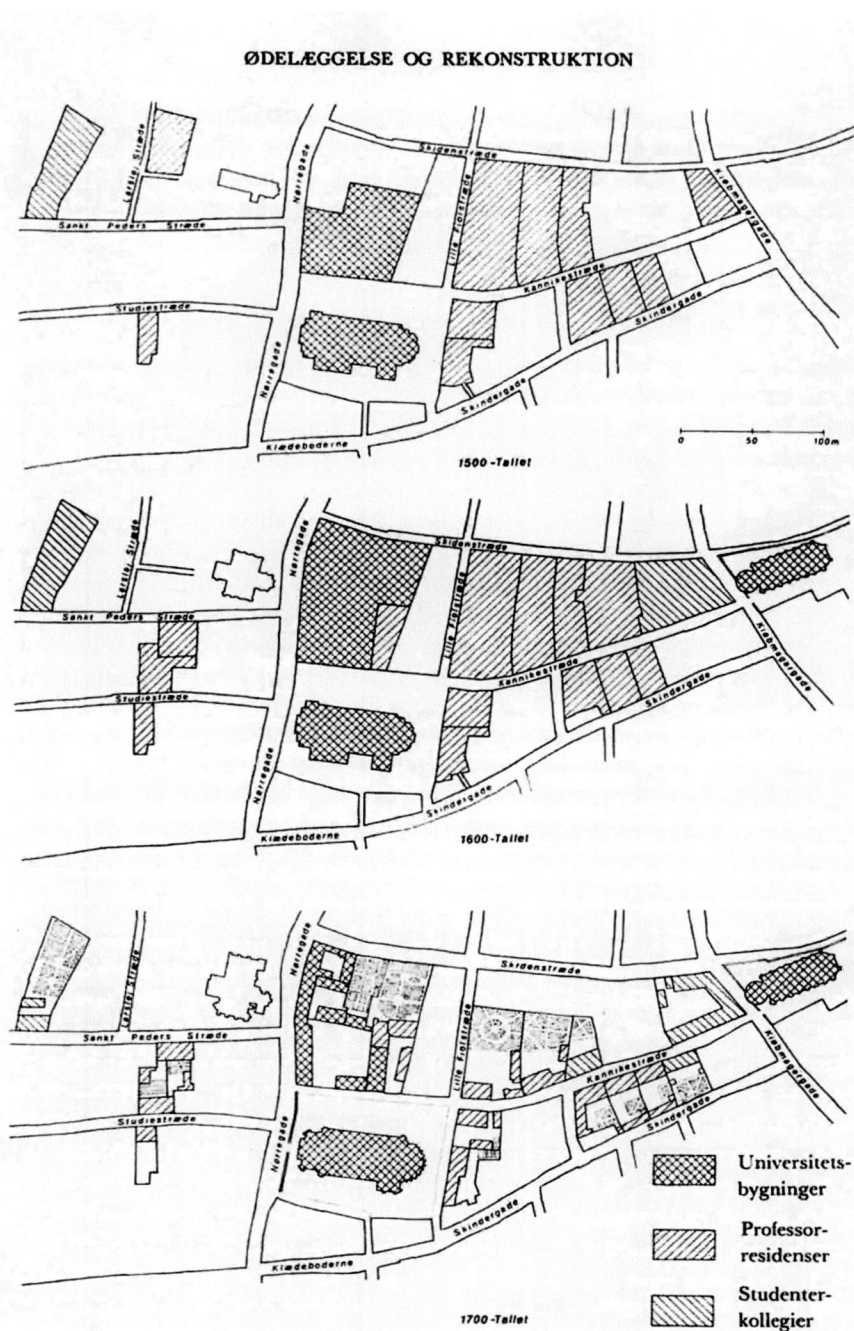

Abbildung 2.4: Aus Københavns Universitet 1479 - 1979, bind 4, S. 199

2.4   Die Studenten

Besonders Wissensdurstige, die sich weiterbilden wollen, suchen sich Lehranstalten oder Lehrplätze, von denen sie glauben, dass man besonders große Ausbeute ihrer Anstrengungen erwarten kann. Andere, die ohne besonderen Forschungsdrang auf eine bestimmte Stellung hinarbeiten, wählen eine der Heimat nahe gelegene Ausbildungsstätte. Eine Universität kann aus der Anzahl ihrer immatriklulierten Studenten ihren Ruf ermessen.

2.4.1   Franckes Ideale zur Ausbildung

Francke wollte alle Menschen und insbesondere die Studenten, die ja zu Lehrern werden sollten, zu Gott führen. Das Mittel dafür war das Studium der Bibel, denn 'Christus der Kern der Heiligen Schrift'[41] konnte das Wort Gottes vermitteln. Bei Francke ist ein Mittel immer zweierlei, nämlich einerseits die Manifestation Gottes, und andererseits der Weg zur Erkenntnis, bzw. zum Finden Gottes.[42] Bei seinem Versuch, allen gerecht zu werden und jedem einen für ihn richtigen Weg zu Gott zu zeigen, ordnete er seine Zöglinge verschiedenen Gruppen zu, die auch Lehrern als Hilfe dienen sollten. Für ihn war Begabung eine Gabe Gottes, und der Mensch sollte Gott ehren, indem er mit seiner Begabung den Nächsten nützte. In seiner Schrift von 1712 'Idea studiosi theologiae' beschrieb Francke seine Vorstellungen vom idealen Studenten so:

> wie ein Studiosus Theologiae 1. im Christenthum, 2. in den Studiis, 3. in äusserlichen Sitten, und 4. in allen seinen übrigen Verhalten beschaffen seyn solle[43]

und beschrieb damit zum ersten Mal ein Berufsbild des Lehrers, womit der eigentliche Zweck des Studiums definiert wurde. Francke wertete die Lehrtätigkeit auf: von Arbeit zu Berufung[II], also eine Forderung, dass der Lehrer sein Herz mit in die Arbeit einbringen sollte. Die zentrale Forderung an die zukünftigen Lehrer war: persönliche Glaubensstärke und christliche Lebensführung.[44] Das Fachwissen war nicht ausgesprochen gefordert, jedoch ergab es sich aus der Forderung nach der Aufnahme realistischer Unterrichtsgegenstände, d.h. die grundlegenden Qualifikationen eines Lehrers sollten mindestens Kenntnis der lateinischen, griechischen und hebräischen Sprache, Bibelfestigkeit und spezielle Kenntnisse in einem besonderen Fach sein. Nicht nur Lehrer, sondern auch Pfarrer rechnete Francke zum Lehrstand. Die Vorbildfunktion, die Francke dem Lehrstand zuordnete, war auch auf das äußere Erscheinungsbild bezogen. Während Jungakademiker durch

---

[II]Der deutsche Begriff 'Beruf'(Berufung), der eine Arbeit von einem 'Job' unterscheidet, hat meines Wissens keine Entsprechung in Englisch, Dänisch oder Französisch.

modische Kleidung oft ihren sozialen Status zu erhöhen versuchten[45], ermahnte Francke seine Jünger:

> *Er gehet nicht stoltz und galant in Kleidern aber auch nicht*
> *säuisch, lumpicht und zerissen, sondern reinlich, damit er nie-*
> *mand ohne Noth anstößig und beschwerlich sey, noch durch un-*
> *reinliche Lebens-Art sein Gemüth selbst in Unordnung gerathen*
> *lasse.*[46]

2.4.2 Christianeum

Studenten sollten lt. §2 des Stiftungsbriefes *'geborene Erb-Untertanen sein,...* *sich einer ehrlichen und ehelichen Geburt erfreuen, durch Gebrechen des* *Leibes nicht unansehnlich oder durch kränkliche Leibeskondition ... nicht* *untüchtig und ... nicht allzu jung sein'*(Anhang A, §II, S.48). Die Kandidaten mussten ihren Lebenswandel als einwandfrei mit *'zulänglichen und* *glaubwürdigen Zeugnissen'*(Anhang A, §II, S.48) belegen. Sofern keine Landeskinder sich um freie Studienplätze bewürben, sollten Ausländer sich bewerben dürfen, jedoch wollte der König diese Gesuche dann selbst genehmigen. Darüber hinaus musste jeder Anwärter eine Aufnahmeprüfung bestehen. §2 entspricht damit den Anforderungen Franckes.

Bernd Elsner hat die Matrikel des Christianeums, die ein bis 1850 handschriftlich geführtes Studentenverzeichnis ist, zur 250-Jahrfeier ausgewertet[47]. Für die bis 1850 eingetragenen Studenten ergibt folgende geographische Verteilung: etwa 80% der Studenten kamen aus dem Hoheitsgebiet der dänischen Krone, etwa 18,5% aus Deutschen Landen, während der Rest der Studenten aus der ganzen Welt kam, z.B. aus der Türkei, Frankreich, Spanien, Polen, Litauen, USA, England und Holland. Die Studenten aus den dänischen Hoheitsgebieten kamen hauptsächlich aus dem Umland. (Holstein 40,02%, Altona 29,76%, Dithmarschen 7,41%, Schleswig 18,7%, Kopenhagen 1,71%, übriges Dänemark 1,82%, Norwegen/Island 0,57%)(S. Abb. 2.5). Mindestens 110 jüdische Studenten, deren Zugang zu Universitäten im übrigen Europa sehr schwierig war, besuchten das Christianeum bis 1815.[48] Ein weiterer Grund für diese Toleranz Juden gegenüber mag der Versuch der Judenmissionierung der hallischen Pietisten sein[49].

2.4.3 Universität Kopenhagen

Mit dem Stiftungsbrief 1732 ändert sich das Aufnahmeverfahren an der Universität Kopenhagen.[50] In der Zeit davor hatte sich das Aufnahmeverfahren zu einem unwürdigen Zirkus entwickelt, der jetzt abgeschafft wurde. Die neuen Aufnahmekriterien für Studenten in Kopenhagen waren aber nicht

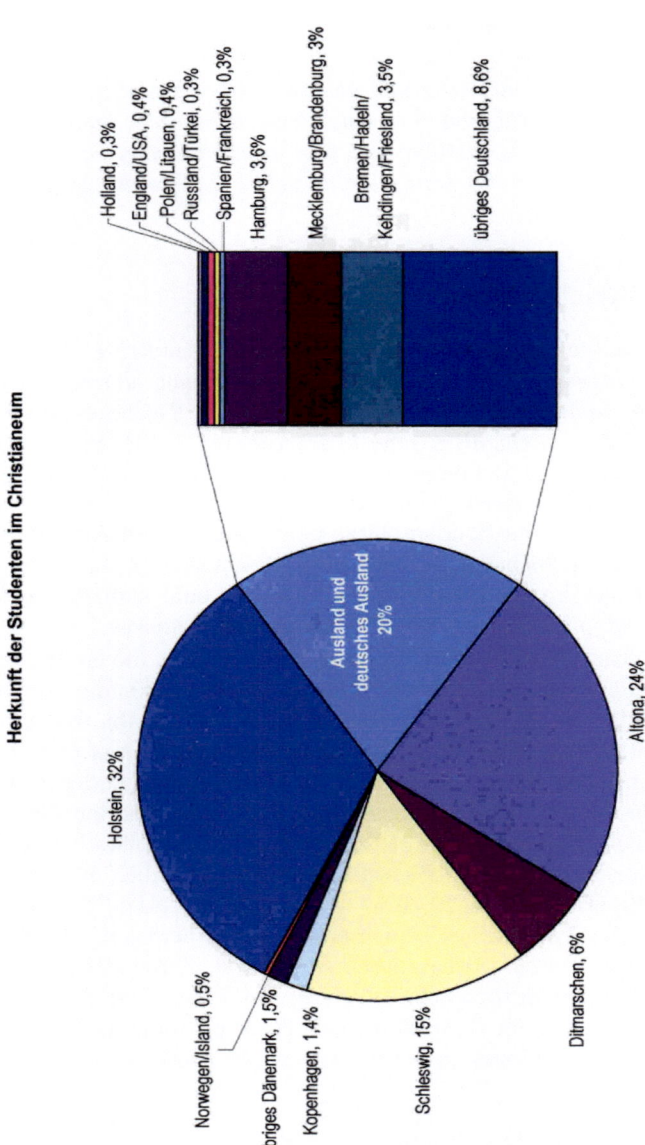

Abbildung 2.5: Herkunft der Studenten im Christianeum

annähernd so streng wie im Christianeum. Weder ihre körperlichen Eigenschaften, noch ihre Herkunft begrenzten die Bewerber. In §26 des Stiftungsbriefes [51] wird gefordert, dass jeder Anwärter auf einen Studienplatz ein Schulzeugnis, entweder von einer Scholam publicam oder einem Hauslehrer, samt Zeugnissen für Schicklichkeit, Gehorsam und Fleiß vorlegen mußte. In den §§28 - 30 (Anhang B, §28, S.62)werden die Ansprüche für die Aufnahmeprüfungen festgelegt. Demnach mußte jeder Anwärter ein Examen Artium, also eine öffentliche Prüfung bestehen, um aufgenommen zu werden. Keine der Bedingungen weist auf Pietismus hin.

In den Jahren 1732-1787 wurden 10.751 neue Studenten in Kopenhagen aufgenommen, deren Herkunft, unter Berücksichtigung der königlichen Besitzungen, sehr national war. (S. Abb. 2.6)[52]

Interessant ist der internationale Vergleich, den Birgit Løgstrup zum Jahr 1767 zieht[53]. Die berühmtesten Universitäten waren zu dieser Zeit Leipzig, Halle, Jena und Göttingen. Demnach wurden 442 Studenten in Leipzig, 334 in Halle, 275 in Jena, 259 in Göttingen und ca. 200 in Oxford immatrikuliert und nur 184 in Kopenhagen.

2.4.4 Zwischenbilanz

Wie aus dem Vorangegangen deutlich wird, sind die pietistischen Ideale im Stiftungsbrief für die Studenten des Christianeums festgeschrieben. Die geringe Zahl der Studenten in Altona läßt jedoch vermuten, dass diese Ideale im Einzugsbereich des neuen Pädagogiums nicht besonders gefragt waren.

Aus dem Stiftungsbrief für die Kopenhagener Universität geht dagegen hervor, dass die Anforderungen an die Studenten in Kopenhagen geringer waren.

Mit knapp 1100 Studenten bis 1815 kann das Christianeum nicht mit Kopenhagen konkurrieren. Jedoch ist das Christianeum mit etwa 20% Ausländeranteil wesentlich internationaler, als die Universität in Kopenhagen mit nur 1% ausländischen Studenten.

Die Erklärung hierfür liegt sicherlich einerseits in der pietistischen Betonung in Altona, und andrerseits eher in der geografischen Lage Altonas, gleich neben Hamburg - dem Tor zur Welt.

2.5 Die Lehrenden

Dieser Vergleich ist schwierig, da ausser den Namen der Lehrenden selten Belege für ihre Unterrichtsmethoden und -inhalte zur Verfügung stehen.

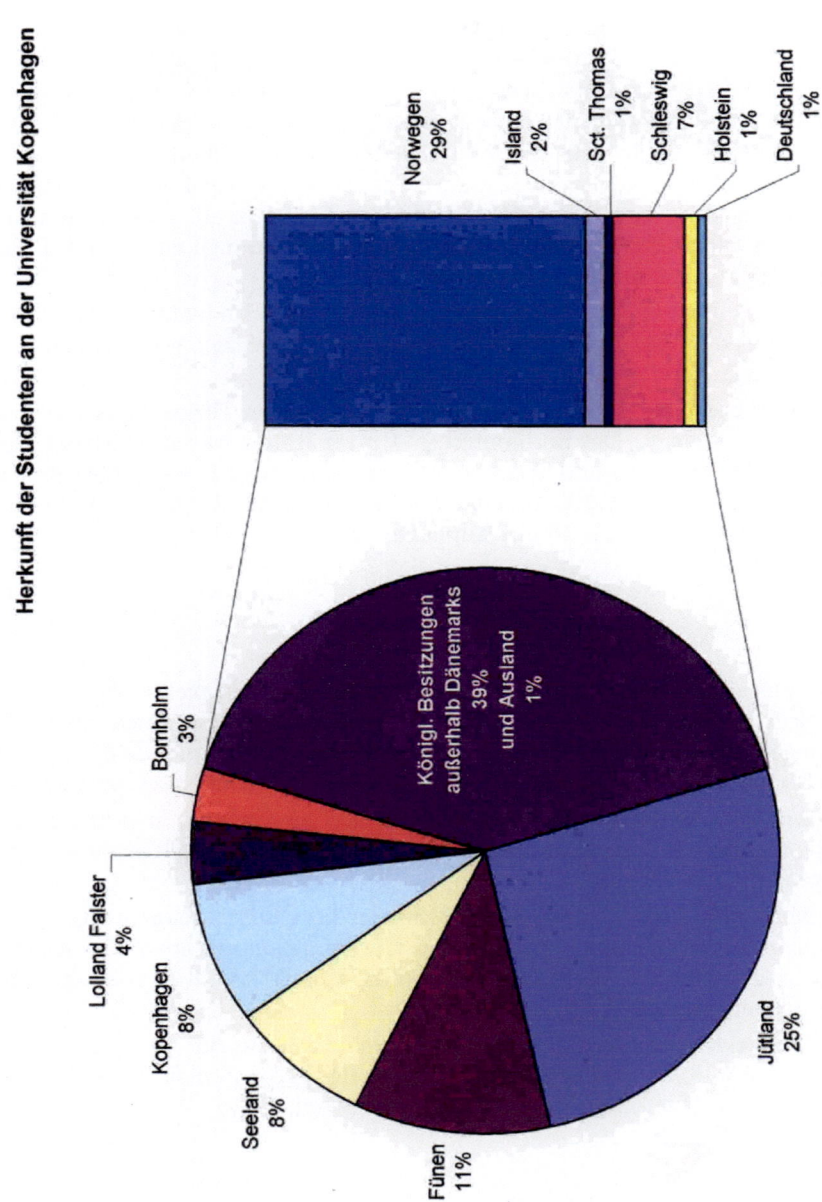

Abbildung 2.6: Herkunft der Studenten der Universität Kopenhagen

2.5.1 Pietistisches Beispiel 'Hallesche Waisenhäuser'

Francke hatte eine Konferenz eingeführt, in der die Lehrer alles diskutierten. Über die Konferenzen wurde genauestens Protokoll geführt und diese sind heute ein Teil der Grundlagen für die Pietismusforschung. In den Konferenzen konnten die Lehrer Vorschläge, Probleme und tägliche Fragen erörtern, und so einen einheitlichen Unterrichtsweg vereinbaren. Die Protokolle jedoch dokumentieren, dass das Gemeinschaftgefühl, von dem Francke träumte, nicht so einfach zu erreichen war[54]. Gemeinsam ein Ziel zu verfolgen machte selbst den Gelehrten in Franckes Organisation Schwierigkeiten, da sie sich nicht als Teil eines Ganzen betrachteten.[55]

In den Forschungsdokumenten wird beschrieben, dass Francke oft nach tüchtigen Lehrern und Predigern gefragt wurde.[56] Obwohl Lehrer aus Halle in alle Teile Deutschlands und Europas gingen, gibt es keine Dokumentation für deren Wirken an der Universität Kopenhagen oder am Christianeum.

2.5.2 Christianeum

Bis auf den Direktor Eustasius Friedrich Schütze[III] sollen alle Professoren Rationalisten aus Halle oder Göttingen gewesen sein.[IV] Ihre Anzahl ist in Chr. VI. Stiftungsbrief mit 5 Professoren nominiert, mit der Möglichkeit, bei Bedarf weitere Lehrkräfte einzustellen. Der Unterricht im 'Anatomischen Theater', dem Hörsaal, wurde vom Amtsarzt, dem Stadtphysicus, durchgeführt. Intentionen und Wirklichkeit klafften anscheinend weit auseinander. Aus den Protokollen und Briefen geht hervor, dass trotz der Zusicherungen in den Stiftungsdokumenten, die Gelehrten weder einen zufriedenstellenden sozialen Status noch ein finanziell gesichertes Dasein in Altona hatten. Ab 1713 war Altona eine aufstrebende Wirtschaftmetropole, denn Handwerk und Handel waren starke Mächte. Gelehrtheit und Studium besaßen jedoch nur einen sehr geringen Status. Wie Kopitzsch schreibt [57]:

> *Deutlich wird aus Henricis Brief der vielleicht entscheidende Grund für die Mißstimmung unter den Professoren: die Zurück-setzung, der sie ihrer Meinung nach in der lutherischen Hauptkirche dadurch unterworfen waren, daß ihnen Plätze auf der Empore angewiesen wurden, die sie mit ihrer Stellung in der städtischen Rangordnung für unvereinbar hielten. Aus ihrer Enttäuschung erhellt, welche repräsentative Funktionen damals noch der Kirchstuhl und der Gottesdienst hatten. Durch sie - auch durch sie - sollten Hierarchien, Vor- und Nachordnungen*

[III]Eustasius Friedrich Schütze *3.4.1688 in Hayna †unbekannt
[IV]Es ist mir nicht gelungen, für alle Lehrer Hintergrundsdaten zu finden.

> *im Sozialgefüge einen sichtbaren Ausdruck finden. Die Prote-*
> *ste der gelehrten Herren brachten jedoch keine Verbesserungen*
> *ein. So klagten sie im folgenden Jahr, 1746, daß ihre Plätze von*
> *Schiffs- und Bootsleuten besetzt würden. Noch 1753 baten sie,*
> *bessere Sitze neben der Kanzel und dem Ratsstuhle angewiesen*
> *zu bekommen. Doch auch diese an den König gerichtete Bitte*
> *führte nicht zum Erfolg, wie Henrici seinen Kollegen mitteilen*
> *mußte.*

Zwar hatte Christian VI. dem Christianeum ökonomisch und ethisch schöne Versprechen in seinem Stiftungsbrief gemacht, aber deren Einhaltung lässt sich aus den Quellen nicht belegen. Dagegen sind den gewerblichen Interessen in Altona wesentliche Vergünstigungen vergönnt gewesen. So erlaubte der König am 16.3.1750 den Altonaer Schiffzimmerleuten, sich fremder Gesellen zu bedienen.[58] Das war zu der Zeit ungewöhnlich, denn sowohl Zünfte als auch Innungen sorgten in ihren Einzugbereichen für monopolähnliche Verhältnisse, die es Zugereisten fast unmöglich machten, ehrliche Arbeit zu bekommen. In denselben Verordnungen bestätigt der König nur 14 Tage vorher den Sattlern und Riemern in Schleswig ihr Monopol für die Stellmacherei gegenüber den Schneidern. Altona trieb auch Handel mit Aufenthaltsgenehmigungen. So konnten jüdische Familien sich für jährlich 5000 Reichstaler das Altonaer Bürgerrecht erkaufen. Dadurch war es ihnen erlaubt, jegliches Gewerbe auszuüben, ihre Religion zu pflegen und sogar die christlichen Schulen, wie das Christianeum zu besuchen.

Gregers Christian Graf von Haxthausen war von 1743 - 46 Schüler am Christianeum und schreibt in seinen Jugendaufzeichnungen[59]:

> *Die Professoren, welche angestellt waren und Gage erhiel-*
> *ten, waren: 1. Konsistorialdirektor Flessa[V], später Generalsu-*
> *perintendent in Sonderburg, Prof. Theologiae et Director Gym-*
> *nasii 2. Herr Meycke[VI], Prof. Juris. 3. Herr Maternus de Cila-*
> *no[VII], Physices et Medicinae Prof. Er zeichnete sich besonders*
> *bei dieser Ceremonie aus durch seine bizarre Kleidung: er trug*
> *an jenem Tage einen grauen seidenen Rock mit grünen Auf-*
> *schlägen, rote Weste, schwarze Beinkleider und gelbe Strümpfe.*
> *Im übrigen bin ich ihm zu großem Danke verpflichtet, denn er*
> *kurierte mich nachher von den Blattern. ... 4. Herr Mag. Pro-*

[V] Johann Adam Flessa *1694 in Bayreuth †11.10.1775 in Oldenburg, ist als Pietist bekannt[60]

[VI] Christoph Andreas Meycke *15.9.1712 Morungen †unbekannt

[VII] Georg Christian Maternus de Cilano *18.12.1696 in Preßburg †9.7.1773 in Altona

fe[VIII], *Prof. Mathem. et Philos. 5. Herr Joh. Christoph Sticht*[IX], *Prof. Antiq et Graec. Lat. et Hebr., ein kluger Mann, mit dem ich den meisten Umgang hatte. Ich habe ihm meine Kenntnisse im Griechischen und Lateinischen zu verdanken. Ich konnte das griechische Neue Testament verstehen. Das Hebräische fing ich um der Kuriosität willen an, aber da ich nicht einsah, daß es mir nützen könnte, gab ich es auf. 6. Herr Reichard, Prof. Eloqent. et Poeseos, welcher später fortkam und Professor in Braunschweig am neu errichteten Carolinum wurde. Er hatte eine Frau, welche ihn durch ihre Kleidung ruinierte. 7. Herr Detharding*[X], *Prof. Juris publici, ein artiger Mann. 8. Herr Henrici, Prof. Linguae franc. et ital. Ferner waren ein Kantor Kühlmorgen und ein Subkantor* [XI] *vorhanden, aber diese wurden zur Vorschule des Gymnasiums gerechnet,...*

Nur wenige der Lehrenden am Gymnasium hatten einen internationalen Ruf, Cilano war einer davon. Seine zahlreichen wissenschaftlichen Publikationen[61] findet man noch heute u.a. an der Sorbonne. Seine Verdienste wurden schon zu Lebzeiten anerkannt. 1745 wurde er in die 'Deutsche Akademie der Naturforscher Leopoldina' und 1750 in die Kopenhagener Wissenschaftliche Gesellschaft aufgenommen. 1761 erhielt er den Titel Justizrat. Als besonders fortschrittlich betrachte ich Prof. Dusch[XII]. Er unterrichtete Mathematik in der Selekta, und dabei lehrte er analytische Geometrie, im wesentlichen Kegelschnitte, einfache Kurven, samt Logarithmen.

Kopitzsch beschreibt[62], dass die Lehrer sehr viele Schwierigkeiten hatten, denn einerseits war ihr Einkommen für das teure Pflaster Altona nicht angemessen, andrerseits vermissten sie Respekt von Schülern und Bürgern der Stadt. Alles in allem scheint das Arbeitsklima elend gewesen zu sein. Das von Francke angestrebte gemeinschaftliche Wirken entstand auch nicht in Altona.

2.5.3 Universität Kopenhagen

Chr. VI legte im Stiftungsbrief fest (Anhang B, §1, S.57), dass die Universität 4 Theologieprofessoren einstellen sollte, von denen einer mit Vorlesungen über Kirchengeschichte betraut werden sollte, während die drei anderen sich mit der Heiligen Schrift, dem Augsburgischen Bekenntnis und Unserer

---

[VIII]Gottfried Profe *11.9.1712 in Frankfurt a.O. †unbekannt; hatte in Halle als Adjunkt 1738 Vorlesungen gehalten

[IX]Johann Christoph Stich *unbekannt †1772

[X]Georg August Detharding *1717 †1786

[XI]Sonst als Schreib- und Rechenmeister bezeichnet

[XII]Johann Jacob Dusch *1729 †1789

Reinen Evangelischen Lehre beschäftigen sollten. Da diese Forderung bereits in den Stiftungsbriefen von 1539[63] besteht, sind sie kein Hinweis auf den Pietismus. Darüber-hinaus sollte es zwei Jura-, zwei Medizin-, sieben Philosophieprofessoren geben, wobei die Philosophen Geschichte, Geografie, Hebräisch, Griechisch, Latein und Eloquenz, Sprachgewandtheit, Mathematik, Logik und Metaphysik unterrichteten. Naturwissenschaften, genannt 'Philosophia Naturalis', sollten von jeweils einem Mediziner und einem Mathematiker unterrichtet werden. Um Professor werden zu können, musste man auf das Augsburgische Bekenntnis schwören. Der Rektor der Anstalt sollte jedes Jahr aus dem Professorenkreis gewählt werden, jedes Jahr aus einem anderen Fachbereich. Dem Rektor wurde eine wöchentliche Lehrerversammlung aufgetragen, entweder mittwochs oder samstags. Im Gegensatz zu den Professoren des Christianeums war es den Kopenhagenern gestattet, Privatunterricht zu geben, jedoch durften sie von unbemittelten Studenten dafür keine Bezahlung fordern. Aufgrund der Privilegien und der gut 250-jährigen Geschichte der Universität hatten die Gelehrten einen wesentlich angenehmeren sozialen Status als ihre Kollegen in Altona, obwohl die ihnen zur Verfügung stehenden Mittel auch keine großen Sprünge zuließen.

Die Auswahl der Professoren war Sache des Königs, Anstellungen wurden vom Obersekretär der Dänischen Kanzlei getätigt. Der König selbst interessierte sich sehr für die Ernennung der Professoren, besonders an der theologischen Fakultät. Dies kann als Versuch gedeutet werden, den Pietismus in die Universität Kopenhagen einzubringen. Die wissenschaftliche Produktion in Kopenhagen wurde von der Dänischen Kanzlei stark kritisiert. Der Obersekretär der Königlichen Kanzlei,J. L. Holstein[XIII], verlangte, dass die Professoren jährliche Dispute abhielten und der Prokanzler der Universität Erik Pontoppidan[XIV] vertrat den Standpunkt, dass öffentliche Dispute durch gedruckte Veröffentlichungen ersetzt werden sollten. Alles in allem kamen die Professoren ihrer Disputpflicht nicht nach, und der Streit zwischen Kanzlei und Universität dauerte bis 1776 an, bis beschlossen wurde, dass schriftliche Abhandlungen in der Acta Academica veröffentlicht werden sollten. Der 1. Band dieser Serie wurde im Januar 1777 herausgegeben.

2.5.4 Zwischenbilanz

Da aus den Belegen die pietistischen Standpunkte einzelner Lehrer nicht zu erbringen sind, lässt sich die Absicht einer pietistischen Prägung in der Realität nicht beweisen. Auch fehlen in den Aufzeichnungen aus Halle Belege für Pietisten, die an die Universität Kopenhagen oder ans Christianeum

---

[XIII]Johan Ludvig Holstein *1694 †1763
[XIV]Erik Pontoppidan *1698 †1764

berufen wurden.

2.6 Die Lehrpläne

Die Lehrpläne wären das beste Maß für den pietistischen Geist an den beiden Institutionen, da hier die Lehrziele festgeschrieben sind, jedoch sind sie für Kopenhagen nicht verfügbar. Im Christianeum sind sie verfügbar, aber ein Vergleich ist nicht möglich.

2.6.1 Franckes beispielhafte Anforderungen an Lehrpläne

Francke reagierte mit seinen Reformvorschlägen auf die Not, die nach dem Ende des Dreißigjährigen Krieges herrschte. Er begründete diese Not mit der 'groben und greulichen Unwissenheit' des Volkes, die nicht nur im Mangel an Wissen, sondern besonders im Fehlen einer wahren Erkenntnis Gottes bestand[64] Die vornehmste Aufgabe eines Lehrers war demnach, die Menschen zu Gott zu bringen, damit sie mit der fleißigen Ausübung und Anwendung ihrer Fähigkeiten Gott ehren und selbst das Seelenheil finden konnten. Die Katechese wurde als Grundlage zur Unterrichtsmethodik benutzt. Das bedeutet, dass ein Student Bibelstellen wiedergeben, interpretieren und verinnerlichen können sollte.[65]

2.6.2 Christianeum

Die Übungen des theologischen Seminars sollten selbstverständlich im fleißigen Studium des Alten und Neuen Testamentes bestehen, sich mit der Auslegung des Buches Hiob, den Psalmen, den Salomonischen Schriften, den Propheten Jesaja, Daniel und Zacharias und vornehmlich den Paulinischen Briefen beschäftigen, nach der Ordnung eines bewährten theologischen Kompendiums oder des Augsburgischen Glaubensbekenntnisses(Anhang A, §V, S.49). Damit glaubte der König gesichert, dass die Absolventen das evangelische Lehramt gesegnet führen könnten und ging somit mit Franckes Vorgaben einig.

Allen Schülern und Studenten wurde auferlegt, sonntagnachmittags an einer Predigt im Hörsaal des Gymnasiums teilzunehmen, nach der die Jüngsten noch eine Katechismusübung zu absolvieren hatten.(Anhang A, §VII, S.50)

Eine weitere Pflicht für Kandidaten war abwechselnd sonntags und feiertags im Zuchthaus eine den Insassen 'faßliche' (Anhang A, §VIII, S.50) Predigt oder Katechismusübung zu geben, jeweils nach Anweisung des Institutsleiters. Diese Pflicht kam der Vorbildfunktion, die Francke von Lehrern forderte, besonders nahe.

Diese vielen Arten der Beschäftigung mit der Bibel, kann nur als ein pietistisches Verlangen gedeutet werden. Es ist nicht genug, der Predigt am Sonntagmorgen zuzuhören. Man soll nicht den Pastor oder die Kirche ehren, sondern Gottes Wort verinnerlichen. Um die Studenten zur Erkenntnis gelangen zu lassen, machte Chr. VI umsichtige Vorgaben, die sie auf den richtigen Weg drängen müßten.

2.6.3   Universität Kopenhagen

In dem Stiftungsbrief wurde genau festgelegt, an welchen Tagen unterrichtet werden sollte (Anhang B, §14, S.59) und in gewissem Umfang, wie dieser Unterricht von statten gehen sollte. Darüber hinaus wurde den Professoren auferlegt, mindestens einmal im Jahr wissenschaftliche Veröffentlichungen zu publizieren, die dann mit jeweils 20 Reichstalern für die Universitätsbibliothek vergütet wurden (Anhang B, §15, S.59). Auch die Professoren der Kopenhagener Universität, mit Ausnahme des Bischofs von Seeland, der auch Universitätsprofssor war, durften keine andere Lohnarbeit annehmen. Es wurde den Professoren auferlegt, jedes Jahr einen Vorlesungskatalog zu drucken und jeweils am 16. August zu veröffentlichen. Jedoch sind die Inhalte in den Stiftungsdokumenten nicht vorgeschrieben. Lt. Norvin sind die gedruckten Vorlesungsverzeichnisse der Kopenhagener Universität aus dem fraglichen Zeitraum bei der Bombardierung durch die englische Flotte am 4.9.1807 mit der königlichen Bibliothek und der Universität in Flammen aufgegangen. Erstaunlicherweise hat Birgit Løgstrup jedoch ein Faksimile[66] von dem Vorlesungsverzeichnis 1743-44 in ihrer Abhandlung veröffentlicht (s. Abb. 2.7). Auf meine Anfrage bei der Kopenhagener Universität bezüglich weiterer Vorlesungsverzeichnisse, wurde ich an das Reichsarchiv verwiesen, das mich wiederum an die Kopenhagener Universität zurück verwies.

2.6.4   Zwischenbilanz

Der Vergleich der Vorlesungsverzeichnisse wäre die ideale Grundlage für eine Bestandsaufnahme zwischen den beiden Institutionen gewesen. Das umfangreiche Material, das für das Christianeum vorhanden ist, kann jedoch mit keinem adäquaten Gegenstück aus Kopenhagen verglichen werden. Jedoch läßt sich unbestritten der Pietismus im Stiftungsbrief des Christianeums nachweisen.

2.7   Das 'Anatomische Theater'

Im 18. Jahrhundert war das Eingreifen in menschliche Körper und gar deren Öffnen stark tabuisiert. Die Unantastbarkeit des göttlichen Werkes 'Mensch'

LECTIONES PUBLICÆ
PROFESSORUM IN REG. UNIVERSIT. HAVNIENSI
A CALEND. SEPTEMBRIS ANNO MDCCXLIII. AD CALEND. AUGUST. AN. MDCCXLIV.

RECTORE
GEORGIO DETHARDINGIO.

HORA IIX.

IOH. PETR. ANCHERSEN, J. U. D. Philof. & Eloqv. P. P. *Faftorum* opus Ovidianum, locupletem *Antiquitatum Romanarum* penum, publice recognofcere & enarrare, Scholis vero privatis *Hiftoriam Romanam* ipfis Autorum veterum verbis docere, fifque freqvens & adjurans nobiliffim. Dn. Auditorum accefferit ftudium. *Juris Publici & Feudalis antiqviffimi*, ut in *Obfervationibus de Solduriis* interlucent, primas lineas ducere , ut & Menfem Octobr. D. B. E. F. Difputationi anniverfariæ conftituit.

HORA IX.

PETRUS HOLMIUS, SS. Theolog. & Phil. Prof. P. Theologiam Dogmaticam explicare perget. Menfe Decembri V. D. difputabit.

JOACHIMUS FRIDERICUS RAMUS, Philof. & Mathem. P. P. Fontes Mathefeos puræ Novitiis Academiæ aperiet; Mathefeos vero Candidatis, ulterius ad Mathematicæ & Naturalis Philofophiæ adyta penetrare cupientibus, promptam infimis operam lubentiffime pollicetur. Difputationem (fi Deo & Regi placuerit) habebit menfe Junio.

JOH. CHRISTIAN. KALL, LL. OO. PP Propheras minores explicare aggredietur; privatas lectiones alio tempore fignificabit. Difputabit menfe Februario.

HORA XI.

MARCUS WÖLDIKE, SS. Theol. D. & Prof. P. Hiftoriam Ecclefiafticam V. T. exponet. Difputabit menfe Julio.

GEORGIUS DETHARDING, Med. D. & Prof. Publ. Qvæ ad Medicinæ dogmata capienda & ad fcientiam naturalem fibi comparandam facere poterunt, publice & privatim Auditoribus ifthæc fcientibus inftillare porro fedulus erit. Ad Difputationem annuam habendam menfem April. D. V. deftinavit.

M. CASPARUS FRIDER. MUNTHE, Senioris Academiæ Vicarius, felecta N. T. Vocabula rariora magifqve emphatica, item loca difficiliora, inprimis qva phrafeologiam & conftructionem, exponet, initium a Marthæo facturus. Die autem Jovis Chreftomathiam Græcam Gefneri brevi commentatione enucleabit, & qvalibet data occafione, qvomodo ad facros ufus accommodari qveant omnia, monftrabit, difputaturus menfe Januario.

HORA II.

JEREMIAS FRIDERICUS REUSS, SS. Theol. D. & P. P. O. indolem Sermonis Chrifti & Apoftolorum rectamqve eum *interpretandi* rationem pro ea, qvam DEUS impertierur, Gratia, exponet. Die jovis autem de Philofophia recentioris habitu ad Theologiam differet. Difputabit V. D. menfe Aprili.

CHRISTIANUS THESTRUP, Primus Ordinarius Juris & Philof. P. P. Baumeifteri Philofophiam Definitivam explicabit, Hora feqvente Logicam & Ontologiam docebit, & ad praxin in Jure per exempla, ubi è re fuerit, fingula applicare allaboret. Menfe Februario V. D. difputabit.

CHRISTIANVS LVDOVICVS SCHEIDIVS, J. V. D. & P. P. Eam partem Philofophiæ Practicæ, quam *Ethicam* dicimus, illuftraturus, thefes breuiffimas fuis in hoc ftudio commilitonibus calamo excipiendas dabit, ac vbius iuftos virtutis internae ac iuris cogentis externi limites, &curatum in reliquis, quas practicas vocamus, fcientiis finium regundorum iudicium inculcabit. Caeterum priuato Collegio iuris publici Romano Germanici doctrinam ex genuinis fuis fontibus, Legibus publicis fcilicet & hiftoria imperii, exponet. Difputabit V. D. Menfe Nouembri.

IOH. PETR. ANCHERSEN, Bibliothecarii muneri fibi impofito farisfacturus, diebus Mercurii & Saturni, Lectiones in Bibliotheca publicas, ex præfcripto Fundationis Regiæ, obibit.

HORA III.

SEVERINUS BLOCH, SS. Theol. P. P. Confeffionem Auguftanam explicabit. Menfe Septembri difputabit.

BALTHASAR JOH. de BUCHWALD, Med. D. & P. P. per hyemem data occafione Anatomiam, per æftatem vero vegetabilium indigenarum vires docere continuabit. Volupe ipfi qvoqve erit defiderantibus fimplicium ex triplici regno defumtorum virtutes & dofes enodare. Difputabit in Majo.

BERNHARDUS MÖLLMANN, J. U. D. & Antiqvitatum Patriæ P. P. Hiftoriam Univerfalem publice, Scholis vero privatis Danicam genuinis Antiqvitatum Patriarum præfidiis inftructam, Geographiam Obfervationibus felectioribus illuftratam, & differentias Juris Romani. Germanici atqve Patrii ex domefticis, undiqve principiis erutas commoda Auditoribus methodo edifferet, menfe Martio difputaturus.

HORA IV.

PETRUS KOFODIUS ANCHER, J. U. D. & P. P. Librum fecundum Codicis Chriftianei, qvi rem ecclefiafticam perfeqvitur in lectionibus publicis interpretando explanabit; in collegiis privatis jus civile patrium æqve ac Romano Germanicum commentabitur, principia Juris Civilis univerfalis tradet fingulisve hebdomadis, thefibus juridicis in conflictu difputatorio ventilandis horam impendet. Difputabit menfe Martio.

PETRUS HORREBOVIVS, Mathem. Superior. Prof. P. Elementa fua Mathefeos enodabit; Menfe vero Majo difputabit.

HENRICUS STAMPE, J. U. & Phil. D. & Prof. P. Lectionibus Publicis explicabit Philofophiam Practicam, Lectiones Privatas in Struvii Jurisprudentiam, Jus Civile Danicum , &c. inceptas continuabit & novas, volente Deo, in Jus Naturæ & Jus Feudale aperiet.

HAVNIÆ, Ex Typographéo Regiæ Majeftatis & Univerfitatis Joh. G. Höpffneri.

Fig. 84. Lektionskatalogerne fyldte ikke så meget i det 18. århundrede som i dag. På dette ene blad kunne alle professorernes offentlige forelæsninger og øvelser sagtens stå. De private blev annonceret i aviserne. Dette lektionskatalog er fra 1743-1744.

Abbildung 2.7: Vorlesungsverzeichnis 1743-44, aus 'Københavns Universitet 1479-1979, Bind 1, S.415

war so groß, dass fast von Aberglaube die Rede sein kann. Deshalb werte ich diese grenzüberschreitenden Vorlesungen in den 'Anatomischen Theatern' als besonders fortschrittlich und das Interesse an der Funktionsweise des menschlichen Körpers kann auch im Zuge der Industrialisierung enstanden sein (siehe 1.1.5.

2.7.1 Christianeum

Der Unterricht in der Medizin am Christianeum baute auf eine humanistische Bildungstradition des reformierten Nordens [67] auf, die eng mit Anatomie und Naturforschung verbunden war. Als Schomburg und die aufgeklärten Geister um ihn eine Gelehrtenschule mit anatomischem Hörsaal anstrebten, hatten sie sich für den aufgeklärten Rationalismus entschieden. Chr. VI verordnete im April 1737, dass die Leichen von Selbstmördern und Verbrechern dem Altonaer Stadtphysicus [XV] in die Anatomie zu liefern seien. Die erste öffentliche Anatomie wurde in den Räumen des Zuchthauses im März 1738 durchgeführt. Es wurden verschiedene Operationen, wie Wundnaht, Amputation, und als Besonderheit eine Bauchnaht vorgeführt. Da die Regierung dieser Wissenschaft nur oberflächliches Wohlwollen zukommen ließ, waren die Gelder für die Forschung so armselig, dass keine Kapazität damit angeworben werden konnte. Es gab 20 Taler im Jahr 'pro studio et labore', und darüber hinaus durfte der Stadtphysicus 'von den Autoribus ein Billiges nehmen'. Wenn keine Sektionen durchgeführt wurden, wurde den Angestellten der Lohn gekürzt. Der Stadtphysicus D. Georg Christian Maternus von Cilano war Lehrer der '*Naturlehre, Arztneykunst und griechischen und römischen Alterthümer bey dem Christianeum zu Altona*'[XVI], übernahm ab 1743 die Bibliothek und arbeitete bis 1750 an der Schule. Obwohl Maternus Stadtphysicus war, fehlte es ihm an Leichen für den Unterricht. Es wurde ihm aufgetragen, '*sorgfältigst zu vigilieren, die nach königlichem Mandat hierzu destinierten Körper nicht zur Unzeit zu begraben.*' Dazu kam, dass Leichen nur im Winter angenommen werden konnten, da es keine Kühlmöglichkeiten gab.[68] Sein Nachfolger wurde 1750 der Chirurg und Hofmedikus Heinrich Friedrich Petersen aus Schleswig, der in Kopenhagen ausgebildet worden war. Petersen war ein berühmter Arzt und auf die Einnahmen aus der Anatomie nicht angewiesen, er steckte vielmehr sein eigenes Geld in das Institut, kaufte Apparate und ließ Präparate anfertigen. Nach seinem Tod bot die Witwe die Sammlung dem dänischen König an, der sie auf Struensees und Cilanos Empfehlung hin erwarb. Der Nachfolger Petersens war der in Kopenhagen [XVII] ausgebildete Operateur

---

[XV] Der Stadtphysicus entspricht dem Amtsarzt.

[XVI] lt. Titelblatt einer Abhandlung über Ursachen des zur Nachtzeit fallenden Hagels, 1755

[XVII] Dort gab es bereits seit 1638 ein anatomisches Theater an der Universität

J. Neßler. Diese Wahl stand unter keinem guten Stern, denn *der Mann war zwar 'ein geschickter Chirurgus, aber kein medicinae Doctor' und dazu ein Choleriker; die anderen Professoren weigerten sich, mit ihm zusammenzuarbeiten*[69].

2.7.2 Kopenhagen

Im Zeitraum 1728 - 88 stagnierte die ärztewissenschaftliche Fakultät. Das ist jedenfalls die Überschrift in der Jubiläumschrift der Kopenhagener Universität[70] . Bereits unter Christian IV[XVIII] war ein 'Anatomisches Theater' im Domus anatomica eingerichtet worden, das 1644 eröffnet worden war. Der Anatom Anders Christensen[XIX], der ab 1585 an der Universität unterrichtete, hatte in Padua und in Rostock das Sezieren gelernt. Er brachte das Interesse an der Anatomie nach Kopenhagen.[71] Das größte Problem war, Leichen für die öffentlichen Vorstellungen zu beschaffen. Deshalb befahl der König Chr. V[XX] am 12. September 1685 in einer Verordnung, dass alle Leichen hingerichteter Verbrecher an das Domus Anatomica durch Gefangene des Bremerholms abgeliefert werden sollten, wenn die Anatomen Material brauchten. Das war das erste Gesetz zur Beschaffung von Leichen zur Ausübung der praktischen Anatomie. Es gibt Programme aus den Jahren 1686 und 1697 über öffentliche Anatomie. Kaum verständlich aus heutiger Sicht war das Ansehen der Ärzte in Dänemark gering - und die Barbiere hatten einen besseren Ruf. So schrieb Thomas Bartholin (eigene Übersetzung)[72]: 'Die Stellung der Ärzte ist höchst ungünstig, denn anstatt von Belohnung werden sie beneidet, und von Quacksalbern werden Ränke geschmiedet.' Eine andere Quelle des schlechten Rufs war die Kirche, die den Umgang mit Leichen im Domus Anatomicum als gottloses Verhalten abstempelte. Die Zeit der größten Fortschritte an der medizinischen Fakultät Kopenhagen wird aus Forschungssicht in die Jahre 1648 - 1728 gelegt. Diese Glanzperiode wird mit dem Brand der Universität 1728 beendet. Wegen des Brandes wurden keine Vorlesungen abgehalten und sogar der Umzug der Universität nach Jütland in Erwägung gezogen.

Da Chr. VI bereits der vierte König seit der Gründung des Anatomischen Theaters in Kopenhagen war, war ihm diese Institution so selbstverständlich, das selbst seine Frömmigkeit keine Änderung erforderte. Dies deute ich als ein Merkmal seiner Aufgeklärtheit. Auch konnte der König diesen Hörsaal für einen Realienhörsaal annehmen.

[XVIII]König Christian IV von Dänemark *12.4.1577 †28.2.1648
[XIX]Anders Christensen *1551 †1606
[XX]König Christian V von Dänemark *15.4.1646 †25.8.1699

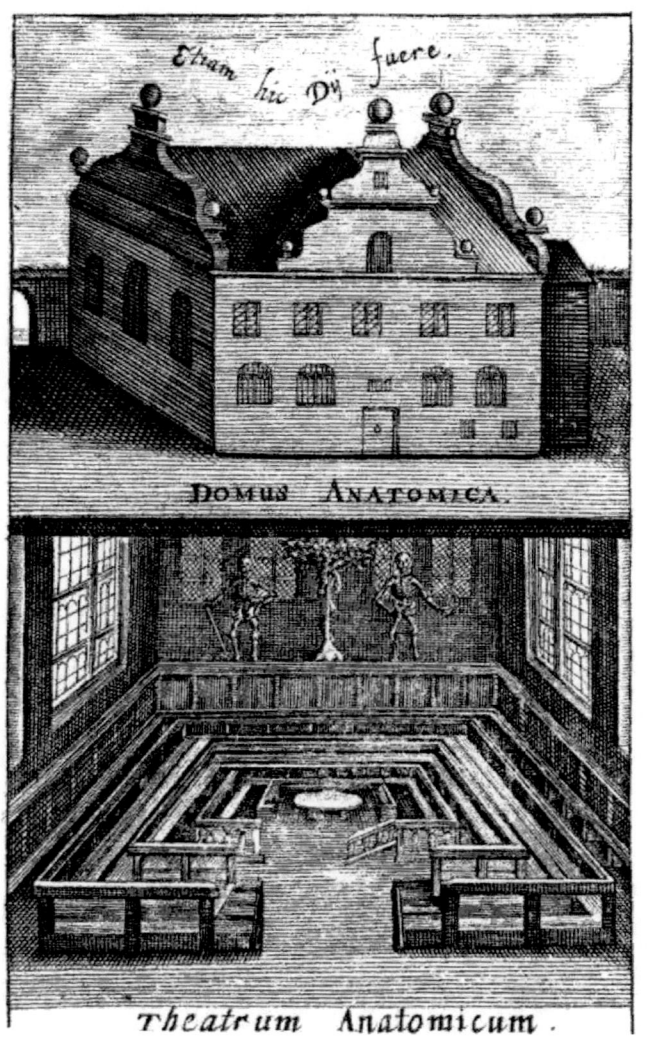

Abbildung 2.8: Das Domus Anatomica 1645 aus 'Københavns Universitet 1479 - 1979', S.30, Titelbild von Thomas Bartholins Buch 'Cista medica Hafniensis, Kopenhagen 1662

2.7.3 Zwischenbilanz

Die akademische Gesellschaft der Mediziner in Kopenhagen war wesentlich früher aufklärerisch als in Altona. Denn die Anatomie, mit dem Zweck vernünftige Erklärungen für das Verhältnis von Mensch - Natur - Gesundheit zu finden, findet ihren Weg nicht über Altona nach Kopenhagen, sondern von Padua und Rostock über Kopenhagen nach Altona. Und das, obwohl den Pietisten diese Behandlung menschlicher Körper, obgleich es sich immer um Verbrecher handelte, nicht genehm war. Da die Anatomie zu Chr. VI Amtsantritt bereits seit drei Generationen besteht, erscheint ihm diese Art der Forschung nicht als ungeheuerlich und nicht problematisch in Bezug auf seinen Glauben, sondern eben als normal. Auch kann die Anatomie als ein besonderer Realienunterricht gedeutet werden.

Kapitel 3

Schlußfolgerung

Die Stiftungsbriefe für die beiden einzigen Universitäten des Landes, nämlich Kopenhagen und Christianeum, liefern gute Anhaltspunkte für den Einfluss Chr. VI auf die ideelle Grundlage der Institutionen.

In Kopenhagen war es ihm nicht möglich, einen nachhaltigen Einfluss auf die Universität zu nehmen, weil die alte Institution sich nicht einfach ändern liess. Die verbrieften Rechte wurden in seinem Stiftungsbrief bestätigt. Die gewünschten Veränderungen betrafen kaum den Pietismus, sondern praktische Verhältnisse für Lehrer und Studenten.

Dagegen war Altona weder von Traditionen, noch religiösen Grenzen belastet. Das Christianeum ist eindeutig das Experiment König Chr. VI, pietistische Ideen in eine Ausbildungsstätte einzuführen, belegt durch den Stiftungsbrief. Er wollte offenbar die traditionellen akademischen Fertigkeiten der Eloquenz und Philosophie mit der Erkenntnis Gottes aus den Worten der Bibel und dem Realienunterricht erweitern.

Die verhältnismäßig moderne, aufgeschlossende Denkart am Hof in Kopenhagen seit Chr. IV war bereits durch ungewöhnliche Maßnahmen gekennzeichnet, z.B. dem Domus Anatomicus. Sie hat sicherlich dazu beigetragen, König Chr. VI zu ermutigen, neue Wege zu gehen. Auf jeden Fall gab es nach der Zerstörung der Stadt Altona in den nordischen Kriegen hier genügend Freiraum für königliche Experimente, die an den tragenden Strukturen in Kopenhagen nicht rütteln konnten.

Gerade das anatomische Theater im Christianeum deute ich jedoch als ein Merkmal für die Aufgeklärtheit Chr. VI. Er hat keine Gewissenbisse gehabt, sogar Gesetze zu beschließen, die den Betrieb dieses Hörsaales vereinfachen sollten. Er konnte also seine religiöse Überzeugung bereits von seinen staatsmännischen Aufgaben trennen.

Da mit Chr. VI Tod 1746 der Pietismus in Dänemark am Hofe seine Bedeutung verlor, verschwand das pietistische Konzept mit dem Amtsantritt seines Sohnes Friedrich V.

Anhang A

Der Stiftungsbrief für das Christianeum von 1744

Seiner Königl. Majestät von Dännemark und Norwegen Christian des Sechsten allergnädigster Stiftungs-Brief zu dem SEMINARIO THEOLOGICO in der Stadt Altona.[I]

gedruckt bey den Gebr. Burmester, Königl. privil. und Gymn. Buchdr.

Wir Christian der Sechste, von GOttes Gnaden König zu Dännemark, Norwegen, der Wenden und Gothen, Herzog zu Schleswig, Holstein, Stormarn und der Dithmarschen, Graf zu Oldenburg und Delmenhorst u.u.

Thun kund hiermit: Gleichwie wir, bey der uns von GOtt anvertrauten Erbregierung Unserer Reiche und Lande, nicht nur für die zeitliche Wohlfahrt Unserer lieben und getreuen Unterthanen, alle landesväterliche Vorsorge willig tragen; sondern auch vornehmlich ihr ewiges Heil, durch dienliche und dem wahren Christenthum anständige Mittel zu befördern, Uns im Gewissen schuldig erachten: Also wollen wir keine bequeme Gelegenheit hintansetzen, so heilsame und würdige Absichten zu erreichen.

Da nun dem Kirchen- und Schulwesen an rechtschaffenen und wohlzubereiteten Arbeitern unaussprechlich viel gelegen ist, und die Erfahrung deutlich lehret, wie viel Frucht und Nutzen daher erwächset, wann die zum öffentlichen Lehramt in Gemeinen oder Schulen bestimmte Personen nicht

---

[I]Der Orignaltext ist in gotischer Fraktur gesetzt, mit lateinischen Schriftzeichen bei einigen der lateinischen Begriffe. Diese habe ich in der Abschrift durch geänderten Satz, **wie hier**, gekennzeichnet.

ohne zulängliche Vorbereitung und vorgängige Uebung in dasselbe treten: Als haben Wir Uns allergnädigst entschlossen, in Unserer Stadt Altona ein `Seminarium candidatorum mini-sterii ecclasiastici et scholastici` zu stiften, und solches, ausser Unserem vornehmsten Augenmerck, zugleich zu desto besserm Behuf des dortigen academischen Gymnasii und Pädagogii einzurichten: Wie Wir dann kraft dieser Stiftung, aus Landesherrlicher Macht und Gewalt, hiermit wirklich thun.

I

Demnach ordnen und wollen Wir für Uns und Unsere Nachfolgere in der Regierung, daß in Unserer Stadt Altona von den Zinsen eines vorhandenen und zu diesem Werk allergnädigst destinierten Capitals von zwölf tausend Reichsthalern, welches zu dieser Anstalt beständig beybehalten, und nach Gelegenheit vermehret werden soll, ein `Seminarium theologicum`, das ist, eine gewisse Anzahl von `Candidatis ministerii`, welche sich dermahlen auf fünf Personen erstrecken, künftig aber bey vergrössertem Fond auch höher steigen mag, unter sicherer und hernach zu bestimmender Aufsicht, unterhalten, in gewisser Maaße mit den Anstalten des dortigen academischen Gymnasii und Schulen verbunden, und die Glieder ersterwehnten `Seminarii` sowol zu heilsamer Wiederholung der academischen Studien, und weiterm Fortgang in denselben angeleitet; als insonderheit zu treuer, kluger und geschickter Ausrichtung der ihnen künftighin von Uns allergnädigst anzuvertrauenden Aemter, desto zuverläßiger geübet werden.

II

Wollen Wir, daß in dieses Seminarium nur solche Candidaten aufgenommen werden, die entweder Unsre gebohrne Erb-Unterthanen, oder deren Eltern treue Bediente und Unterthanen von Uns und Unserm Königlichem Erbhause gewesen, oder noch sind, einer ehrlichen und ehelichen Geburth sich zu erfreuen haben, durch Gebrechen des Leibes nicht unansehnlich, oderdurch eine kränkliche Leibesconstitution zur Arbeit und Studiren, und künftigen Amtsgeschäften nicht untüchtig, auch nicht allzu jung sind, ihre Studien auf Schulen und Universitäten ordentlich und fleißig getrieben und vollendet, und, wegen eines unordentlich geführten Lebens, zu Schulden gebrachten Unfleisses, und gegebener Aergerniße auf Schulen oder Universitäten, kein böses Gerüchte auf sich geladen haben. Wie dann diejenige, so in dieses Unser theologisches Seminarium aufgenommen werden wollen, wegen ihrer Schul- und academischen Studien sowol, als ihres vorhergeführten Lebenswandels, zulängliche und glaubwürdige Zeugniße gehörigen Ortes zuförderst beyzubringen haben.

III

Daferne aber bey lediggewordenen Stellen keine Landeskinder vorhanden seyn solten, welche die erforderte Geschicklichkeit und Gaben, oder auch

Lust, in dieses theologische Seminariumzu treten, hätten, oder, um beson-
ders wichtiger Bewegursachen willen, ein Ausländer in Betrachtung gezo-
gen werden wolte: So haben diejenigen, welchen Wir die Aufsicht über
diese Anstalt allergnädigst anvertrauen, wie sonst allezeit, also in diesem
Fall zuförderst, allerunterthänigsten Bericht, mit Anführung ihrer Gründe
gemeinschaftlich abzustatten, und Unsere allergnädigste Willensmeynung
darüber abzuwarten.

IV

Da nun Unsere Absicht mit diesem Werke lediglich auf die Wohlfarth der
Kirche und der Verbesserung des Schulwesens gehet: So sollen Uns keine an-
deren Candidaten zu diesem Seminario vorgeschlagen werden, als die gute
Naturgaben, entweder zum Predigen, oder zum Lehramt in Schulen, oder
zu beyden zugleich, besitzen; in den schönen Wissenschaften, der Weltweis-
heit, der Historie, der Mathematick und Gottesgelahrheit einen zulänglichen
Grund geleget haben; nicht ohne alle Fertigkeit sind, in deutscher und latei-
nischer Sprache etwas geschicktes aufzusetzen; absonderlich von einer redli-
chen Begierde getrieben werden, GOtt zu Dienst und der Kirche zum Segen,
ihre Studien zu mehrerer Vollkommenheit zu bringen, folglich auch durch
Natur und Gnade sich merklich gebessert haben, oder doch gute Merkmale
an sich blicken lassen, daß sie von ihrer eigenen wahren Besserung nicht
abgeneigt seyn.

V

Auf diesen Zweck sind alle Uebungen Unsers Seminarii theologici hin-
zuleiten. Daher ist Unsere allergnädigste Willensmeynung und Verordnung
hiermit, daß die ordentlichen Verrichtungen dieser Candidaten in fleißiger
Forschung der heiligen Schrift Alten und Neuen Testaments, und einem ge-
meinschaftlich zu haltenden Collegio Biblico über die schweresten, oder
in die Absichten dieser Anstalt am nähesten einschlagenden Bücher des
Alten und Neuen Testaments, z.E. über das Buch Hiob, die Psalmen, die
Schriften Salomons, den Propheten Jesaiam, Daniel, Zachariam und ande-
re, wie auch vornehmlich über die Paulinische Briefe; dann in wöchentlich
ein oder zweymal anzustellenden Disputationen über die ganze Theologiam
theticam von Articul zu Articul, nach der Ordnung eines bewährten theo-
logischen Compendii, oder des Augspurgischen Glaubensbekenntnißes, oder
eines andern symbolischen Buches unserer evangelischen Kirche: Nicht min-
der in einigen vertraulichen und liebreichen Unterredungsstunden, darinnen
Pastoralia abgehandelt werden, und die sichersten, besten und bewährtesten
Mittel, das evangelische Lehramt in Seegen zu führen, in Betrachtung kom-
men, hauptsächlich und vorzüglich bestehen sollen.

VI

Wie Wir aber die übrigen Wissenschaften und Theile der Gelahrtheit, die
von Gottesgelehrten und Schulmännern, entweder aus einer Nothwendig-

keit, oder zur Beyhülfe und Zierde erfordert werden, vornehmlich die Geschichte der Kirche und der heiligen Alterthümer, und dergleichen, hiermit keinesweges wollen ausgeschlossen sehen: Also überlassen Wir der Einsicht, der Treue und dem Gutbefinden Unserer Aufseher über dieses Seminarium, die nähere Bestimmung und Einrichtung derselben, nach Beschaffenheit der vorwaltenden Umstände, und dem heilsamen Endzweck gemäß, zu ordnen oder zu ändern.

VII

Zu desto erwünschtern Hülfe der altonaischen Schulanstalten, absonderlich in den niedern Classen des Pädagogii und der Vorbereitungsschule, soll ein jeder Seminariste verpflichtet seyn, täglich eine Stunde an der Jugend, nach der ihm vom Directore des academischen Gymnasii angewiesenen Ordnung, und Lehrart, und Lection, öffentlich zu arbeiten: Wie denn gleichfalls alle Sonntage Nachmittag, zu öfterer Uebung für die Seminaristen, und fruchtbarlicher Unterweisung der Jugend, absonderlich der von noch zarterem Alter, in einem der größeren Hörsale des Gymnasii eine kurze Predigt gehalten, und nach deren Schluß mit den kleinern Catechismusübung vorgenommen werden soll.

VIII

Nicht minder verordnen Wir allergnädigst, daß die in Unserm theologischen Seminario sich befindende Candidaten, alle Sonntage und hohe Feste in dem Zuchthause eine kurze, erbauliche, und diesen armen Leuten faßliche Predigt oder Catechisation, einer nach dem andern, halten, und desfalls von den Vorgesetzten nähere Anweisung erwarten.

IX

Weil aber den guten Absichten bey dieser Anstalt und der daher zu erwartenden Frucht, ein merkliches Hindernis, wie nicht weniger Candidaten selbst höchstschädliche Zerstreuungen erwachsem würden, wann dieselben entweder hin und wieder in der Stadt wohnen, oder sich in Privat-Informationes stecken, oder auch auf öffentliche Schularbeit im Pädagogio und den Vorbereitungsclassen allzu viele Zeit wenden wolten: So sollen eines Theils die Seminaristen ohne einige Ausnahme, auf den öffentlichen Gebäuden des Gymnasii frey wohnen, auch ihren Tisch bey dem Oeconomo daselbst Mittags und Abends ohne Entgelt haben (wofür billiges aus der Seminariencasse bezahlet werden wird) andern Theils keinem Seminaristen erlaubt seyn, in der Stadt eine Privat-Information anzunehmen, oder Kindern, die sich ausser den dortigen Anstalten befinden, auf seiner Stube Unterweisung zu geben; Aber auch im Pädagogio und den Vorbereitungsclassen über die benannte Sechs Stunden wöchentlich ohne hohe Noth, nichts weiter auferlegt werden.

X

Wann aber ein oder anderer Candidate eine vorzügliche Lust und Geschicklichkeit zum Schulwesen äussern, und sich vielleicht ganz und gar dieser Lebensart widmen, auch allbereits so viel Fertigkeit in Unterweisung anderer erlanget haben solte, daß man ihm etwas mehreres auftragen und anvertrauen könnte: So mögen die Vorstehere der Anstalten hierinnen, zum Besten und Aufnehmen der dortigen Verfassung, einen dergleichen Seminaristen weiter brauchen; Jedoch in diesem letztern Fall auch, in Betracht und einer ausserordentlichen Belohnung zu erfreuen bedacht seyn.

XI

Was die ausserordentlichen Uebungen und Verrichtungen Unserer Seminaristen anbelanget: So mögen dieselben durch eigenen Fleiß Disputationes, so wol in andern Wissenschaften, als hauptsächlich theologische und philologische, ausarbeiten, und unter dem Vorsitz eines Unserer Professoren am academischen Gymnasio öffentlich vertheidigen: wenn gedachte Professores disputiren, ordentlich oder ausser der Ordnung, jedoch nach erbetener Erlaubnis, opponiren; in der Stadt- und andern Kirchen der evangelischen Gemeine, auf Begehren, predigen; zum Besuch der teutschen Stadtschulen, wie auch des Zucht- und Waysenhauses mitgezogen werden; in Begleitung, oder mit Genehmhaltung der ordentlichen Seelsorger, zu Kranken gehen; die zum Thode verurtheilte besuchen, und an ihnen mitarbeiten; und zu andern dergleichen in das Amt eines evangelischen Lehrers einschlagenden Verrichtungen sich gebrauchen lassen.

XII

Wir wollen aber keinesweges, daß die Glieder dieses theologischen Seminarii in ein fremd Amt greifen, oder sich den ordentlichen Lehrern und andern Leuten aufdringen, oder nach eigenem Gefallen laufen und wirken; sondern alles ohne Beeinträchtigung der in Altona allbereit bestellten Lehrer, nach der ihnen zu ertheilenden näheren Anweisung, in christlicher Ordnung vornehmen.

XIII

Da auch von auswärtigen Orten junge Leute von noch geringem Alter, welche einer besondern Aufsicht bedürfen, in die dortigen Schulanstalten gethan werden: So mag nach dem Gutbefinden des **Directoris Gymnasii** ein Seminariste, der für treu, und geschickt, und willig dazu erachtet wird, die engere Aufsicht über ein oder zwey Kinder führen, sie zu den öffentlichen Lectionen in den Nebenstunden zubereiten, mit ihnen wiederholen, und dafür mit einer billigen Erkänntlichkeit gehörigen Orts vergnüget werden.

XIV

Wir gestatten ihnen aber hiermit nicht im geringsten, sich in die öffentlichen Anstalten des academischen Gymnasii, oder der andern Schulen zu mengen, oder sich anzumaßen, Collegia für die Gymnasiasten, und Privatstunden für das Pädagogium zu halten, oder sich als ordentliche Lehrer allbereit anzusehen, und nach eigenem Gefallen die Grenzen ihrer Verrichtungen zu erweitern. Immassen sie als Mitarbeiter und Gehülfen an der altonaischen Schulverfaßung sich von selbsten eines bessern bescheiden, und einen gottseligen, stillen und eingezogenen Wandel zu fernerweitem Dienste GOttes und der Kirche sich vielmehr zubereiten werden.

XV

Im übrigen, da gleichwol dieses Unser `Seminarium theologicum` auf eine und die andere Weise mit Unserm academischen Gymnasio in einer Verknüpfung stehet, und die in das Seminarium aufgenomme Candidaten an den dortigen Schulanstalten als wirkliche Mitarbeiter billig betrachtet werden müssen: So haben sich dieselbe auch der dem Gymnasio allergnädigst verliehenen Jurisdiction, wie auch übrigen Vorrechte und Privilegien, womit Wir Unser `Gymnasium Christianeum` allermildest begnadiget haben, zu erfreuen, denen Wir, nebst der in §.IX. gedachten freyen Wohnung und Kost, jährlich für die Person noch vierzig Rthlr. courant aus den Einkünften der Seminariencasse wollen auszahlen lassen, damit sie ihrem Studiren und Uebungen desto ungehinderter und munterer obliegen können.

XVI

Die Aufsicht über dieses Unser `Seminarium theologicum` tragen Wir dem jedesmaligen Präsidenten Unserer Stadt Altona, wie auch dem Kirchenprobsten und `Directori Gymnasii` allergnädigst auf, welche nach der von Uns hegenden Absicht die Candidaten sorgfältig prüfen, gewissenhaft und unparteyisch davon Bericht erstatten, auf ihren Wandel genau Acht haben, und ihre Uebung in guter Ordnung und Gang erhalten sollen.

XVII

Und damit bey dieser gemeinnützigen Stiftung der heilsame Zweck desto leichter erhalten werde: So verordnen Wir in Ansehung des `Examinis candidatorum` allergnädigst, daß diejenigen `Studiosi Theologiae`, welche in dieses Unser Seminarium aufgenommen zu werden suchen, sich vorerst bey dem `Directore Gymnasii` melden, und demselben von ihren Studien und Umständen eine vorläu-fige Nachricht ertheilen. Wird nun derselbe aus dieser erstern mit den Candidaten anzustellenden Unterredung und vorläufigen Prüfung wahrscheinlich erkennen, daß sie ins Seminarium nicht untüchtig seyn möchten: So zeichnet er die Namen auf, und thut den übrigen Vorstehern davon Eröffnung, und die Candidaten werden zu ihrer Zeit zum genauern und Hauptexamine gelassen.

XVIII

Dieses soll, unter dem Vorsitz und in Gegenwart Unsers jedesmaligen Präsidenten zu Altona, der dortigen Kirchenprobst, der Director Gymnasii, wie auch noch einer der nächsten Pröbste (in welchem Fall ihme eine freye Fuhr aus seinem District von dem Beamten des Orts, auf geschehene Vorzeige des vom p.t. Präsidenten ausgefertigten Einladungsschreiben, gegeben werden soll) oder einer der gelehrtesten Stadtprediger, nach vorher genommener Abrede übernehmen, ein richtiges Protocoll dabey führen, und nach des Candidaten Naturgaben, Geschicklichkeit, Studien, vorhergeführten Wandel, Gemüthsfaßung, und der darinn gegründeten wahrscheinlichen Hoffnung, ob er sich zu einem recht tüchtigen und brauchbaren Werkzeug der Gnade werde zubereiten lassen, genau forschen, und sodann, daferne sie an ihm die gehörige Tüchtigkeit finden, an Uns allerunterthänigsten Bericht abstatten, und über desselben Annahme ins `Seminarium theologicum` Unsere allerhöchste Genehmhaltung einholen.

XIX

Wie sich nach geschehener Annahme und gemachter Einrichtung Unsere Seminaristen auf einem ihrer geräumlichsten Zimmer jederzeit um die bestimmte Stunde versammlen, und ihren Uebungen, zu welchen sie sich billig mit allem Fleiß vorbereiten, unermüdet obliegen sollen: Also werden der dortige Probst und Director Gymnasii, welche die besondere und nähere Aufsicht über diese Arbeit zukommt, öfters zugegen seyn, und das oben §.V. angeführte `Collegium Biblicum` so einrichten, daß bey der anzufangenden Erklärung eines biblischen Buches eine historische Einleitung und richtige Eintheilung zum Grunde geleget, von jedem Seminaristen nach der Ordnung ein Stück des Grundtextes gelesen, und nach dem Buchstaben erkläret, von den übrigen, welche inzwischen zuhören, ihre Gedanken und Betrachtungen bescheidentlich beygetragen, alles Disputiren schlechterdings vermieden, der richtige Wortverstand und Sinn des heiligen Geistes gesuchet, das Augenmerk mehr auf eine wahre Erbauung und Befestigung in der lebendigen Erkänntnis Gottes, als auf eine unfruchtbare Gelehrsamkeit oder unnöthige Fragen gerichtet, und wie mit Gebet angefangen, so auch damit beschlossen werde.

XX

Die wöchentlichen Privatdisputationen über die `Theologiam theticam`, oben berührter massen §.V. betreffend, soll der Director Gymnasii dieselbe dirigiren und dabey präsidiren; die Seminaristen opponiren und respondiren, ein Glaubensartikel nach dem andern auf ein oder etliche mal, wie es die Beschaffenheit der Zeit und Sache erfordert, durchgegangen, die Einwürfe mit Bescheidenheit und in guter Ordnung vorgetragen und beantwortet, mehr die Hauptwahrheiten selbst, als Nebensachen abgehandelt, absonderlich mit Wortstreitigkeiten und vergeblichem Gerede die Zeit nicht verderbet, sondern vielmehr auch in Unterredungen dieser Art ein wahrer Nutzen gesuchet, eine gründlichere Einsicht in die geoffenbarten Wahrheiten, und eine Fertigkeit, die Irrthümer zu widerlegen, lediglich zum Zweck gesetzet, und der Einfluß, welchen falsche Meynungen zum Nachtheil des thätigen Christenthums haben, sorgfältig mitgenommen werden.

XXI

In dem `Colloquio pastorali`, so wenigstens alle Wochen einmal angestellet wird, soll der zeitige Probst oder Director Gymnasii, wo nicht beyde zugleich, doch einer jedesmal zugegen seyn, mit den Seminaristen ein liebreiches und vertrauliches Gespräch von der Führung des evangelischen Lehramts an Erwachsenen und Kindern halten, gewisse Materien vorher zur Ueberlegung und hernach folgenden Unteredung aussetzen, oder von den Seminaristen aufgeworfene nützliche Fragen und Materien zu weiterer Prüfung annehmen, und dieselbe gemeinschaftlich untersuchen, die Mittel zur Beförderung des Guten, die Hindernisse, die Vortheile, die Bewegungsgründe, und dergleichen, anmerken, alle Hauptsachen in ein kurzes Protocoll einzeichnen. und überall die zuerleichternde Ausübung der Wahrheiten vor Augen haben.

XXII

Wir wollen uns in Gnaden wohlgefallen lassen, wann zu diesen Pastoralunterredungen auch andere im öffentlichen Lehramt stehende erfahrne Männer manchesmal kommen, durch einen erbaulichen Beytrag die Gesellschaft ermuntern, oder sonst diese Anstalt in Augenschein nehmen wollen. Wie Wir dann absonderlich, wann andere `Candidati ministerii` sich in Altona, oder in der Nähe aufhalten, und an den oberwehnten biblischen oder anderen Uebungen Unseres `Seminarii theologici` mit Theil nehmen wollen, dieselben nach vorher erhaltener Bewilligung der Vorgesetzten, jedoch ohne anderweiten Genuß, gerne zulassen.

XXIII

Welche Candiaten nun in diesem Unsern `Seminario Theologico` sich wohl anschicken, und sowol mit ihrem rechtschaffenen Wandel, als guter Gelehrsamkeit, Fleiß und Treue sich hervorthun werden, auf dieselben werden Wir bey der Besetzung geistlicher oder Schulämter in Gnaden reflectiren. Urkundlich unter Unserm Königlichen Handabzeichen und fürgedruckten Insiegel. Gegeben auf Unserer Königlichen Residenz Christiansburg zu Copenhagen, den 7 December 1744.

CHRISTIAN R

J. S. v. Schulin

Anhang B

Der Stiftungsbrief für die Universität Kopenhagen 1732

CHRISTIAN VI's FUNDATS, 1732, 31. MARTS Original paa Pergament i Universitetets Arkiv. Sæll. Reg. 1732, No. 109 b; som Indlæg et Eksemplar med Kongens egenhændige Underskrift. Trykt: Forordngr. 1732—33, S. 26 ff.[1]

Vii Christian den Siette af Guds Naade Konge til Danmark og Norge, de Venders og Gothers, Hertug udi Slesvig, Holsten, Stormarn og Dytmersken, Greve udi Oldenborg og Delmenhorst

Giöre alle vitterligt; At som Vi fra Vores Regierings Tiltrædelse allernaadigst haver ladet Os være angelegen, ved den allerhöyestes Bistand og Velsignelse, at see alt det, som formedelst de forbiegangne vanskelige Tider kunde være bleven forsömmet eller kommen i Uorden, igien bragt i god Skik, Flor og Velstand. Saa have Vi, i Betragtning af den almindelig Frugt og Nytte, som flyder af en velgrundet Lærdom og Ungdommens Underviisning i Studeringers Övelse, allernaadigst været betænkt paa, hvorledes det af vore höysalige Forfædre Kongerne i Danmark og Norge af höylovligst Ihukommelse i Vores Kongelig Residence-Stad stiftede Universitet ey alleene maatte ved Magt holdes, men end og saa i Henseende til den Ufuldkommenhed og Aftagelse, som det, formedelst Tidernes Besværlighed, og især, ved den sidste store Ildebrand, er geraaden udi, kunde igien hielpes paa Foede, samt i een og anden Maade bedre indrættes, og sættes i saadan

---

[1]OCR gescannt aus Norvin, Band 2, S. 113-151. Die Verwendung von 'ö' und 'ø' folgt bei Norvin keinem Muster.[73]

Stand, at Videnskaberne og Studeringer kunde i beste Maader blive excole-
rede, de Studerende, og i Særdelished Lærerne maatte vide deres Pligt, og
den Efterdags med ald vedbörlig Nidkierhed, Flittighed og Troskab, fyldest-
giöre, saa og efter nærværende Tiders Omstændighed nyde for deres Möje
og Arbeyde nödtörtig Underholdning. Thi have vi allernaadigst for got be-
funden, de af Höystbemeldte vore höylovlige Forfædre, samme Universitet
angaaende giordte höypriiselige Stiftelser og Anstalter, deels at igientage,
deels at forandre og forbedre, som Vi dem og hermed, saaledes som fölger,
allernaadigst igientage, forandre og forbedre:

1

Vi ville allernaadigst, at ved Universitetet, herefter, som hidindtil, stedse skal være fire Theologiæ Professores, af hvilke den eene skal offenligen læse over Kirke-Historien, men de andre over den Hellige Skrift, den Augsburgiske Bekiendelse og vor reene Evangeliske Lærdom.

2

Som hidindtil ey ved Universitetet haver været uden en Juris Professor Ordinarius, da finde Vi, i Henseende til den Videnskabs Nytte og Fornödenhed, allernaadigst for got, at herefter tvende Professores skulle tractere Jura, saa at den eene profiterer Jus Naturæ et Gentium, saa og Jus Publicum, men desforuden en Dag om Ugen Philosophiam Moralem, den anden læser over Jus Justinianeum, og forklarer derhos Vores allernaadigste Lov, visende dens Overeensstemmelse med Naturens og Folke-Rætten, saa vel som andre Landes Love.

3

Professores Medicinæ skulle fremdeeles som hidindtil være tvende, hvilke begge bör være vel erfarne i Chymien, og skal foruden deres offentlige Lectiones, een af dem tractere tillige med andre Partibus Scientiæ Medicæ, Anatomien, saaledes, at hand undertiden ved Sectiones af et eller andet Legeme demonstrerer den. Den anden underviiser de unge i Botanicis og Pharmaceuticis, og lærer dem saa vel i Universitetets Have, som iblandt med at gaa ud i Marken om Sommeren, at kiende Urterne, forstaa deres Kraft og vide deres Nytte i Medicinen. End skulle begge jefnligen giöre adskillige Experimenta Physica.

4

Philosophiæ Professores skulle være syv i Tallet, af hvilke den eene skal med ald muelig Fliid og Vinskibelighed lære den studerende Ungdom Historiam cg Geographiam, den anden Linguam Hebræam, den tredie Græcam, den fjerde Latinam med Eloqventia og hvad dertil hører, den femte og siette Mathematha Superiora og Inferiora, den syvende Logicam og Metaphysicam.

5

Philosophia Naturalis skal læres enten af een af Professoribus Medicinæ, eller af een af Professoribus Mathematum, saaledes, at hand ugentligen, en Dag, læser over Physicam, men de øvrige Dage over Medicinam eller Mathesin, hvilken af Delene hand profiterer.

6

Naer nogen Profession ledig bliver, ville vi dertil allernaadigst beskikke een dygtig og Lærd Mand, som kand eragtes vel forfaren i den eller de Videnskaber, som hand skal profitere og ville Vi ingenlunde, at Professores maae forlade den Profession, de engang ere kaldede til, for at vælge en anden;

Men enhver skal blive ved det, som hand er beskikket til at lære den stu-
derende Ungdom; dog er det dennem hermed u-formeent, ved forefaldende
Vacancer, efter den hidindtil brugelige Maade, at optere Stipendia, Konge-
og Kirke-Tienden, lige som de længe have tient Universitetet til. Men saa
fremt vi finde nogen af Professoribus Philosophiae beqvem til at betiene een
af de Theologiske, Juridiske eller Medicinske Professioner, ville Vi dennem,
frem for andre, dertil have i allernaadigst Eftertanke.

7

Naar nogen til een eller anden Profession allernaadigst vorder beskikket,
skal hand strax i en Materie som henhører til Professionen, paa det överste
Auditorio disputere, opponentibus Professoribus; För sligt er skeet, nyder
hand ingen Lön, og saa fremt et halvt Aar fra hands allernaadigste Be-
stallings Dato gaar forbie, för hand holder saadan Disputation, oppebærger
hand ey den Lön, som samme halve Aar ellers var forfalden; men med den
omgaaes, som med den Lön der kand falde imellem den Tiid, een Profes-
sor döer, og een anden i hans Sted beskikkes; hvorom siden skeer nærmere
allernaadigste Forklaring.

8

Alle Professores skulle herefter have Sæde i Consistorio, dog saa, at Nota-
rius, saa længe hand det Embede betiener, stedse er og bliver den nederste.

9

Saa snart nogen til Professor allernaadigst vorder beskikket, skal hand ved
sin Haands Underskrift og med Eed bekræfte, at hand bekiender sig til den
reene u-forandrede Augsburgiske Confession. Vegrer hand sig derved, bör
det for Os allerunderdanigst andrages.

10

Professores skulle hver i sin Viidenskab læse ugentligen tvende gange, og
Igientage, een gang om Ugen, hvad af dennem de tvende gange er læst.
De Dage, naar de læse, bör være Mandag, Tiirsdag og Torsdag; Men hver
Löverdag skulle de repetere det, som af dem bemelte tvende Dage er læst.
Deres Aarlige Disputationes holdes om Onsdagen. Men hvis ellers paa andre
Dage i Ugen maatte blive holden nogen Professoris Disputation, Oration, el-
ler anden Solennis Actus Academicus, da ophöre, paa saadan Dag, Lectiones
Publicæ som sædvanligt.

11

Som enhver af dem ey læser uden en Time om Dagen, saa maa de in-
genlunde med formegen dicteren henbringe Tiden, ey heller bruge saadan
Vidtlöftighed, at den Videnskab og Materie de læser over, sielden eller sildig
kand vorde til Ende bragt. Men hvad de begynde et Aar, bör de samme Aar
fuldbringe.

12

Paa det og alle Professorerne ugentligen de beskikkede Dage kunde læse, bör de saaledes med hver andre inddeele Tiimerne, at den eene ikke er den anden i Veyen eller til Hinder; som og nogle kunde læse paa det överste Auditorio, andre paa de nederste.

13

Hver Professor skal, engang om Aaret, publice disputere paa det överste Auditorio, hvor Disputationes begynde Klokken 8, men endes Klokken halvgaaen Tolf. Og skal det, foruden Ordinarios Opponentes, end og saa Extraordinariis være tilladt at Opponere. Paa det og alle Professores ikke paa en Tiid skulde disputere, saa bör enhver af dennem udvælge den Maaned hand finder beqvemmest for sig til saadan Forretning, saaledes at i det mindste engang maanedlig holdes en Professoris Disputatio Ordinaria. Desforuden kunde Professores, efter eget Behag, extraordinairé disputere, naar nogen Lærd og vel qvalificeret Civis Academicus forlanger at respondere under deres Præsidio. Forsömmer nogen Professor, som ey er Honorarius, sin aarlige og ordinaire Disputation, da indeholdes af hans tilfaldende DistribSution — 20 Rigsdaler; som anvendes til publicam Universitatis Bibliothecam.

14

Lectiones Publicæ begynde aarligen paa Universitetet den l. Septembris; og endes den 20. Decembris, dog at der imidlertid indfalde trende frie Uger, nemlig Michaëlis, Martini, og Dionysii Uger. Der efter begynde de den 8. Januarii, og vedvarer indtil 8 Dage for Paaske, hvor imellem Fastelavns Uge er fri. Siden fra den förste Mandag efter Paaske til Torsdagen för Pintse Dage samt fra Mandagen efter förste Trinitatis Søndag til Depositzen, og endeligen fra den Tiid Depositzen er til Ende, saa fremt nogen til overs bliver, indtil l. Augusti.

15

En hver Professor skal, med at læse og disputere, flitteligen forrette sit Embede, og maae hand til sligt ikke bestille eller lönne nogen anden, men hand skal det selv tage vare. Dog undtages herfra Biskopen i Sællands Stift, som stedse efter Loven er Tertius Theologiæ Professor, samt Universitetets Rentemester, om hvilken herefter bliver meldet. Saa fremt Vi og selv allernaadigst skulde faae i Sinde at bruge een eller anden af Professoribus til den eller de Forretninger i Vor Tieneste, som paa nogen Tid kunde hindre dem fra at læse og disputere, da vorder det dennem tilladt, saalænge at lønne en anden, som imidlertid kand tage deres Forretninger vare. Skulde og een eller fleere af Professoribus falde i nogen vedvarende Svaghed, da tillades hannem eller dennem, at foreene sig med andre, som deres Embede imidlertiid kunde forrætte; Hvilket de dog selv strax skulle tiltræde, saa snart de igien bekomme deres Helbred.

16

Der skal aarligen trykkes en Catalogus over hvad enhver af Professoribus, det Aar igiennem, nemlig fra l. Sept: til følgende Aars l. Augusti offentligen læser: Samme bør være saa betimeligen færdig, at den kand blive Universitetets Patron foreviist, og naar den af hannem er samtykt, ved Trykken for alle og enhver publiceret, samt opslaget, inden hvert Aars 16. Augusti. I saadan Catalogo indføres og, hvad Maaned hver af Professoribus ordinaire disputerer, samt hvo der paa Biskopens og Universitetets Rentemesters Vegne læse og disputere.

17

Desforuden tillades det Professoribus at holde Collegia Privata i deres Huuse, hvilke betales dennem af de formuende; Men de Ubemidlede, som dog have Lyst og Villie til at lære, unde de saadan Underviisning uden Betalning. I Særdeelished skal Professor Hebrææ Lingvæ aarligen, imod Betalning af dem, der det kunde formaae, paa toe Maaneders Tiid holde for de nys til Universitetet ankomne et Collegium, for at underviise dem i det Hebraiske Sprog; Saavel som siden et andet over een eller fleere af den hellige Skriftes gamle Testamentes Bøger. Ligeledes holde de övrige Philosphiæ Professores Collegia, hver i den Videnskab som de profitere, i hvilke de lempe dem efter den nys til Universitetet komne Ungdoms begrib og Nemme,

18

Som og den studerende Ungdom ikke altiid forstaar og söger sit eget Beste, saa kunde det tildrage sig, at endskiønt Professores med at læse publicé samt videre, flitteligen giorde deres Embede, dog ikkun gandske faae indfandt sig til at höre dennem. Til sligt at forebygge, ville Vi allernaadigst at alle de, som nyde Kosten i Communitetet, skulle være forbunden, at jevnliligen søge Theologorum og Juris consultorum Lectier. Forsömmer de det ideligen, end og efter een og anden Paamindelse, da skulle de, uden Naade, miste Communitetets Kost.

19

Ligeledes skulle og de der oppebærger andre til Universitetet henlagde Beneficia, saa som: Frisianum, Walchendorphianum, Scheelianum, Borrichianum og andre, flitteligen indfinde sig ved Theologorum og Jurisconsultorum Lectioner. Som og de, der i Collegio Medicéo nyde Stipendium Borrichianum, henlagt til Medicinæ Studiosos, bör indfinde dem saa ofte Professores Medicinæ læse. Det samme bør og saa at i agttages med Collegio Elersiano, saa vel som andre Legatis til Studiosos, som ere, eller herefter kunde vorde funderede. Og maae ingen noget Stipendium ved Universitetet meddeeles, forend de beviise sig, jevnligen at have besögt Professorum Lectiones.

20

De som angive sig til Examen Theologicum, bør ingenlunde dertil stædes, med mindre de beviise sig, fliitteligen at have sögt Theologorum Lectiones.

Saa skulle og de, der agte at komme til Examen Philosophicum, for de dertil annammes, gotgiöre, at de have sögt eendeel af Professorum Lectioner, og det med samme Professorum Beviis. Men ingen stædes til Magisterii eller Baccalaureatus Honores, med mindre hand beviiser sig at have flitteligen hört Theologos, Jurisconsultos, samt endeel af Philosophis læse.

21

Rector Universitatis skal hvert Aar udvælges, og maa ingen herefter være Rector længere end et Aar, med mindre særdeeles Tilfælde skulle udkræve at hand længere maatte forestaa Rectoratum; hvilket dog ikke maatte skee, förend slige Tilfælde Os allerunderdanigst ere forestillede, og Vor allernaadigste Samtykke indhentet. Rector tages först af Facultate Theologica, dernest af Juridica og Medica, siden af Philosophica.

22

Rector Universitatis skal være forbunden at holde over alt det i denne Vor allernaadigst igientagne og forbedrede Fundation er befalet. Finder hand, at den ikke allerunderdanigst efterleves, bör hand först Conferere med Consistorio, om derpaa betimeligen kand raades Boed. Skeer det ikke, da andrager hand saadan Bröst for Patrono Universitatis, som da enten seer sligt ændret eller det Os, naar Fornödenhed saaledes udkræver, allerunderdanigst forestiller. Thi Vi ville allernaadigst, at denne Fundations Indhold nöye og i alle Poster skal efterleves.

23

I Særdeelished skal Rector advare Professores, at de flitteligen med at læse og disputere, giöre deres Embede. Forsömmer nogen Læsningen, paaminder hand hannem först. Kand sligt intet frugte, giver hand det Universitetets Patron tilkiende, og desforuden tvende gange om Aaret underrætter ham skriftligen, hvor vit hver Professor er kommen i den Materie hand læser over, til at hindre og forekomme at Professores ey skulde bruge unödig Vidtlöftighed den studerende Ungdom til Ophold og Sinkelse; men at de med ald muelig Fliid den foregaaende 11. Artikels Indhold efterleve.

24

Rector Universitatis skal og Ugentlig Onsdag eller Löverdag, lige som Fornödenheden det udkræver, samle Consistorium, hvor der afhandles, foruden andet, hvad der kand komme Universitetet til Nytte. Dog bör Consistorium ingenlunde understaa sig, i denne Vor allernaadigste Fundation at giöre end og allerringeste Forandring, i hvor vel samtlige Professores derom kunde være eenige. Thi skulle Tiderne og adskillige Tilfælde endeligen udkræve, at et eller andet maatte være anderledes, bör Rector det for Universitetets Patron andrage, som Os sligt allerunderdanigst haver at forestille, efterdi ingen uden Vi selv og Vore Arvesuccessores i Regiæringen have Magt noget i denne Vor Stiftelse at forandre.

25

Paa det at Rector des bedre kand forrætte sit Embede, bör ey aleene forrige Aars Rector, som er det Aars Pro-Rector, men endog hele Consistorium gaa ham til Haande, saa ofte hand det forlanger. Er Rector paa nogen kort Tiid fraværendes eller falder i Svaghed, betiener Pro-Rector hans Embede; Hvilket er og at forstaae, om Rector doer i sit Embede, da Pro-Rector stedse tager det vare, indtil en nye Rector vorder beskikket.

26

Ingen maae annammes og indskrives blandt de her ved Universitetet Studerendes Tal, för hand medbringer sit Testimonium fra den Skoles Rectore, hvor hand er blevet underviist, eller, saa fremt hand ey haver sögt nogen Scholam publicam, da fra den Person som haver informeret ham. Men erfares det af nogens Testimonio, at hand i Skolen haver teet sig uskikkelig, forsömmelig eller ulydig, da bortviises hand indtil hand rætter og bedrer sig.

27

Aldeeles ingen, under hvad Paaskud og i hvad Henseende det end være kunde, maae annammes til Universitetet, med mindre hand haver naaet det Maal i sin Lærdom, hvilket Skolerne er foreskrevet. De, som ey saa vidt ere komne, viises enten til Skolerne igien, saa fremt der er noget Haab om dem, eller og advares at lære noget andet, hvorved de kunde erhverve deres Bröd. Thi Vi vilde allernaadigst, at Lovens Bydende Libr. 2. Cap. 20 Art. pag 362, 363. i alle Maader allerunderdanigst skal efterleves.

28

Förend nogen til Universitetet annammes, skal hand af en Theologo, samt alle Professoribus Philosophiae nöye og med fliid examineres, paa det Viides kand, hvad hand haver lærdt, og om der kand ventes, at hand i sin Tiid bliver Universitetet til Ære.

29

Des foruden skulle og de, hvilke begiære til Universitetet at annammes, tilforn forfærdige et Exercitium Styli Latini, som hidindtil haver været Sædvane. Samme bör med Fliid af Professoribus igiennem læses, og, saa fremt de af noget sligt Exercitio finde Anledning at tvifle om Personen, hvis Navn staar der under skrevet, selv haver det forfærdiget, da skulle de kalde hannem Op for sig, at hand selv Oplæser og forklarer det af hannem indleverede Specimen, befindes det da, at hand ikke selv, men en anden haver gjort det, bör hand, som een der omgaaes med Falskhed, forviises fra Universitetet, Og den der haver udarbeydet sligt Specinen Styli for ham, naar hand udfindes, efter Consistorii Kiendelse og hans Leylighed forbindes at give noget i Straf til fattige Studiosos.

30

Paa det og de Unge med des större Fliid kunde vorde overhörte, maae ey fleere en Dag stædes til Examen Artium end Sexten Personer i det höyeste. Samme Examen skal holdes i alles Paahör offentligen paa Consistorio, hvis Dörre imidlertid bör være Oplukte, og vedvarer det saa mange Dage, som fornöden giöres, og indtil alle Candidati ere Examinerede.

31

Naar da de Unge have forfærdiget et taaleligt Specimen Styli, samt in Examine giort Professoribus Fornöyelse, da stædes de til Universitetet. Men alle privatæ Depositiones skulle herefter aldeeles være afskaffede.

32

Paa det de fra langt afliggende Stæder, som Island, Færöe, og eendeel af Norge, ey skulde besværge dennem, at de for længe opholdes för de kunde antages til Universitetet, da skal herefter aarligen holdes tvende Depositiones publicæ, een ved St. Hans Dags Tiid, og een efter Michaëlis. Skulde nogen fra Island eller Færöe endnu sildigere ankomme, da tillades og at der for deres Skyld holdes een Extraordinaire, men ligeledes offentlig Deposition.

33

Den Sædvane, hvilken hidindtil haver været, med at gyde Deposituris Viin paa Hovedet, og give dennem Salt i Munden skal herefter være afskaffet: Men i dens Stæd bör Decanus holde en alvorlig Erindrings Tale til de Unge, formanende dem at lægge stedse Vind paa Gudsfrygt, Flittighed og Lydighed, samt at före et skikkeligt og dennem anstændigt Levnet. De Love, hvilke Ungdommen, der annammes til Universitetet, hidindtil, iblant med Eed, haver forbundet sig til at holde, skulle samtlige Professores saaledes see forandrede, at intet udi dennem er, hvilket jo de Unge kunde og bör holde. Thi have Professores med förste at træde tilsammen, og forfatte saadanne Leges, hvilke de Patrono Universitatis til hans nærmere Approbation, skulle forevise.

34

Saa snart nogen til Universitetet er annammet, skal hand angive sig for Rectorem, som indförer hans Navn i Universitetets Matricul. Hand skal og til Privatum Preceptorem udvælge, paa den hidindtil sædvanlige Maade, een af Professoribus extra Facultatem Theologicam, som jevnligen bör erkyndige sig hvad Levnet hand förer, samt om hand giör nogen fremgang i sine Studeringer. Til hvilken Ende alle Studiosi, særdeeles de der nyde af Universitetets Beneficiis, skulle være forbundne, tvende gange om Aaret, at give deres privatis Præceptoribus, hver een med fliid udarbejdet Pröve, hvortil de selv udvælge sig en beqvem Materie. Hvilke Pröver en hver deres privatus Præceptor skal igiennem gaae, og naar hand finder noget derudi at erindre, kalde de Unge for sig, at rette dem, hvor de kunde have taget feyl, samt underviise dem, hvorledes de, een anden gang, bedre kunde tractere deslige Materier.

35

Examina Philosophica skulle, efter Loven, 2. Bogs 20 Cap. 4 Art. pag. 363, holdes i det mindste fire gange om Aaret, og maae ingensinde fleere end 16 paa eengang stædes til disse Examina: hvilke skulle holdes offentligen paa Consistorio i alles Paahör. Og ville vi hermed allernaadigst have alle Examina Philosophica Privata aldeeles afskaffede.

36

Ingen, hvad fremgang hand end kand have gjort i sine Studeringer, maae stædes til Examen Philosophicum, förend i det mindste otte Maaneder efter hans Deposition, da hand skal beviise sig imidlertiid, saa fremt hand sig ellers her i Staden haver Opholdet, flitteligen at have hört, om ikke alle, dog de fleeste, Philosophiae Professorum Lectiones. Hand medbringer og deres Attester, som hand jevnligen haver hört, særdeeles sin Privati Præceptoris; hvis Lectiones hand ingenlunde maae forsömme, under Straf at miste hvad Benefiicia hand nyder ved Universitetet; eller, om hand ingen nyder, da at Mulcteris, efter Rectoris Siigelse og hans Leilighed til fattige Studiosos.

37

Ingen af Professorerne maa imodtage, for at Examinere eller være nogen til Villie in Examine Philosophico, mindste Penge eller Penges Værdi. Skulde nogen overbeviises herimod at have handlet, da skal hand give ti dobbelt saa meget som hand imodtog til Straf; hvilket Rector bör indkræve af hans Distributz som det og skal være forfaldet til Universitetes Bibliotheqve. De Unge skulle flitteligen overhöres, og maae ingen aflægges med Caractere Laudabili, med mindre hand er vel kyndig i det Hebræiske, Grædske og Latinske Sprog, og befindes at have med Fliid læst det nye Testamente paa Grædsk og et Par Latinske Auctores, samt in Historia og Geographia er verseret, saa vel som nogenlunde in Physica og Mathesi. Ingen bekommer Characteren haud illaudabilem, som ey vel og forsvarlig er kyndig i Sprogene, og befindes vel at have svaret til de Spörgsmaal hannem er giort af et Compendio Historiæ Universalis og Geographia. For hvilke, hvo aldeeles ingen reede kand giöre, hand bör henviises bedre at anvende sin Tiid, endskiönt hand i Sprogene ey befindes aldeles ukyndig.

38

Examen Theologicum skal holdes een eller fleere gange hver Maaned, lige som mange eller faae dertil angive sig; men fleere end otte maae ey paa eengang Examineris. Som og Examen Theologicum skal holdes offentligen paa Consistorio, i alles Paahör, som der indfinde sig. Og maae aldrig nogen Examen Theologicum holdes privatim, men Vi ville allernaadigst at vores

elskelige kiære Hr. Faders af höylovligst Ihukommelse allernaadigste For-
ordning af l. August 1707 om Examinibus og Vocation til Prædike Embede,
hvad denne Post angaar, nöye og allerunderdanigst skal efterleves.

39

Examinatores skulle herefter, som hidindtil, være Professores Theologiæ
Primarius, Secundus, og Qvartus; de skulde flitteligen overhöre dennem der
kommer til Examen, ikke aleeneste om de vide noget in Theologia Theti-
ca, og Polemica, men i Særdeelished om de have flitteligen læst den hellige
Skrift, og kunde forstaae det gamle og nye Testamente i de Sprog som de
först ere skrevne. De skulle og erfare om de viide noget af Kirke-Historien.
Hvo som ey for alt dette kand giøre Reede, maae ingenlunde aflægges med
Charactere Laudabili; eyheller maae haud illaudabilis gives nogen som ey
grundig forstaar Theologiam, og gotgiör at hand flitteligen haver læst den
hellige Skrift, samt kand uden Hielp af Lexicis læse og forklare i det mindst-
te det gamle Testamentes Historiske Böger i det Hebraiske Sprog, og det
gandske nye Testamente. Men de der aldeeles ingen eller saare liden forreede
vide at giöre for Guds hellige og Aabenbarede Ords Indhold, bör ingenlunde
antages, eller med nogen Charactere aflægges, uanset de dog in Thetica og
Polemia Theologia ikke ere gandske ukyndige.

40

Naar een eller anden saaledes haver udstaaet Examen Theologicum, da skal
hand efter Sædvane for een af Professoribus Theologiæ aflægge sin Pröve
Predikken. Hannem skal foreskrives et vist Sprog af den hellige Skrift at for-
klare, hvor paa hand forfatter sin Prædiken i Pennen, og overleverer samme
otte dage för hand Prædikker, til den Theologum der skal höre ham, som
bör ikke aleeneste nöye igiennemlæse den i hans Nærværelse, men endog
udforske, om hand saaledes begriber dens Indhold, at mand kand slutte den
er sammensat af ham selv og ingen anden. Bemelte Professor Theologiæ bör
des foruden rætte og ændre, hvad som i den skal rættes og ændres, og der-
paa levere ham den tilbage; Hvorefter hand reenskriver samme Prædikken,
og siden holder den offentligen for Meenigheden i Professoris Nærværelse,
som giver nöye Agt paa Maade at fremföre sin Prædikken paa, samt
om det skeer med sömmelig og saadan hellig Forretning anstændig Andagt.
Hvad Feyl hand finder hos ham, derom bör hand troeligen hannem advare-
re, og siden end eengang höre ham Prædikke for at komme i vis Erfaring,
om hand tager efter de hannem givne Advarseler, forbedrer sig og rætter
sin Feyl. De Characteres, som gives for saadan Prædikken, bör være efter
Personens Merita, og de af hannem holdte Prædikkernes Beskaffenhed.

41

Alle Promotiones til Gradus Academicos sker paa det överste Auditorio:
men de dertil udfordrende Omkostninger bör være maadelige, paa det fattige

dog derhos Lærde og flittige Personer ey skulle afskrækkes fra Graderne. Thi skulle samtlige Professores strax tilsammen træde og overlægge, hvorledes saadanne Omkostninger paa det taaleligste kunde træffes. Hvilken deres forretning de have Universitetets Patron til hans Approbation at overlevere.

42

Ingen maae stædes til at blive Baccalaureus Philosophiae, med mindre hand i Examine Philosophico haver erholdet Characteren Laudabilem eller Haud illaudabilem; dog bliver det dennem, som haver faaet ringere Characteres, uformeent inden eller efter et halv Aars Forlöb at indstille sig, om de det forlange, til nye Examen.

43

Baccalaureus Philosophiæ bliver det tilladt at disputere sine Præsidio saavel i Collegiis, som in Auditorio Collegii Regii, de skulle og nyde Kosten i Communitetet tvende Aar længere end andre Studiosi.

44

Til Gradum Magisterii Philosophiæ maae ingen lokkes eller overtales. Af Gejstligheden paa Landet stædes ey lætteligen nogen dertil, uden vel fortjente, samt for deres Lærdom berömmelige Provster eller Præster; End mindre Studentere, uden de der med Frugt og Nötte have besøgt fremmede Universiteter, eller og paa dette Universitetet gjort sig frem for andre Meriterede.

45

De som forlange Gradum Magisterii skulle af Professoribus Philosophiæ nöye Examineris, og naar de ere dygtige befundne, bör de, saavelsom de, hvilke begiære Gradum Baccalaureatus, offentligen disputere paa det överste Auditorio, under Decani Facultatis Philosophicæ præsidio. Men hverken Gradus Magisterii eller Baccalaureatus maae nogen sinde forundes nogen fraværende.

46

Rectores i de store Skoler skulle efter Loven Libr: 2. Cap, 18. Art. 3. pag. 346—347 være enten Magistri eller Candidati Magisterii. Hvor udover, saa fremt Biskoperne antage nogen til Rectorem i slig en Skole, og hand ey er Philosophiæ Magister, da skal hand först hensendes til det Kongelig Universitet, og der af samtlige Philosophiæ Professoribus Examineris, samt ey sættes til Skole-Embedet, för hand medbringer Professorum Attest, at han er dygtig befundet til at nyde, ved förste promotion Gradum Magisterii.

47

Magistri haver frihed offentligen sine Præside at disputere i det underste Auditorio; som dennem og tilstædes at høre Collegia, saa vel Philosophica som Theologica, naar de dertil af Facultate Theologica eragtes beqvemme.

48

De der tragte efter Gradum Licentiatus, skulle ligeledes af den Faculta-
tis Professoribus, i hvilken de begiære at promovere, flitteligen Examineris,
samt offentligen paa det överste Auditorio disputere under Decani præsi-
dio. Gradus Licentiatus skal ikke forundes nogen, uden dennem der sidde i
anseelige Embeder, og har gjort dennem af deres Lærdom og andre Meriter
bekiendte.

49

Til Gradum Doctoratus in Theologia stedes ingen uden de, der betiene for-
nemme Geistlige Embeder, som Biskoper, Theologiæ Professores, og Lecto-
res, Stifts-Provster, og Sogne-Præster ved Stifternes Hoved-Kirker; Til Gra-
dum Doctoratus in Jure haver aleene fornemme Embeds-Mænd Adgang,
som Professores Juris, de fornemmeste vores Höjesterets Advocater, som af
en grundig Lærdom maatte være bekiendte, og deslige. Candidati Docto-
ratus Theologiæ og Juris Examineris ikke: dog skulle de være pligttige paa
det överste Auditorio offentligen at disputere, enten sine præside, eller under
Decani præsidio. Naar de er promoverede, nyde de siden Frihed, endskiönt
de ikke ere Professores, til at disputere paa det överste Auditorio, saa ofte
de sligt forlange.

50

De der begiære Gradum Doctoratus in Medicina, skulle efter Sædvane, af
Facultate Medica fiitteligen Examineris, og ingenlunde nyde den Gradum,
med mindre de grundigen forstaae, hvad de give dem ud for, samt foruden
Theoriam Medicinæ, ere vel erfarne in Anatomicis, Botanicis, Chymicis og
Chirurgicis. De skulle offentligen paa det överste Auditorio disputere under
Decani Falcultatis Medicæ præsidio, med mindre de ere Professores, da den-
nem tillades at disputere sine Præside. Efter Promotionen nyde de Frihed at
disputere paa det överste Auditorio, at holde Collegia Medica, Anatomica,
Chymica, samt at practicere, saavel i denne Kongelig Residence, som over
alt i Vore Riiger og Lande.

51

Naar fremmede fra andre Steder hidkomme, og forlange een eller anden Gra-
dum, bör de medbringe Testiomonia, saavel om deres Lærdom som Levnet
fra de Universiteter, hvor de have Studeret, paa det ingen, som enten for
Falsk Lærdom, eller for et uskikkeligt Levnet er berygtet, skal nyde saadan
Værdighed,

52

Det henhörer og til Professorem Embede, at see nöye til, at de Beneficia, der
ere henlagde til de Studerendes Ophold og Fremtarf, komme de Flittigste,
Gudfrygtigste og skikkeligste til Gode, hvilke der ellers ingen Midler ha-
ver til deres Underholdning; Og efterdi det störste Beneficium, som fattige

Studentere nyde, gives dennem i det af vore Høysalige Forfædre Konger i
Danmark af höylovligst Ihuekommelse stiftede Communitet, samt i den saa
kaldede Regentz, siden de paa begge Stæder forsynes, deels med Underhold-
ning, deels med frie Huusværelser, da have Vi Allernaadigst fundet for got
derom, som fölger, Allernaadigst at foranstalte.

53

Communitetet skal til Ævig Tiid uryggelig og uigienkaldelig beholde hvad
Tiender, Iorde Gods, samt andet, som det, efter de derom Allernaadigst
oprettede Fundationer, af vore høylovligste Forfædre er benaadet med, Og
maa intet af sligt til nogen anden Brug henvendes.

54

Samtlige Professores Theologiæ skulde beskikke en Oeconomum, som kand
oppebærge alle Communitetets Indkomster, samt aarligen giöre rigtig Re-
genskab for dets Indtægt og Udgift, og, for en vis Penge, spiise Studenter-
ne forsvarligen, efter den Spiise-Contract, som med hannem er eller bliver
oprettet. Paa det og Alumni Communitatis kunde vide at dennem skeer
Rætt, bör et Patent trykkes, og der i mældes, hvad dennem skal gives hver
Uge-dag til Middag og Aften; Af saadant Patent skal et Exemplar opslaaes
ved hvert Bord i Communitetet til alles og eenhvers Efterretning; Men ingen
af Professoribus selv maae nogen sinde være Oeconomus Communitatis.

55

I Communitetet skulde være ti Borde, og ved hvert et Bord spiise ti Per-
soner, som skulde være flittige, skikkelige Lærde og fattige Personer. Ingen
af dennem maae sælge eller tage Penge for deres Kost, men de skulle ny-
de den in Natura. Desforuden betales Præsterne ved Trinitatis Kirke, samt
Ministeris Academiæ Penge for de dennem tillagde Koster efter Sædvane.

56

Ingen Studiosus nyder Kost i Communitetet, för hand haver været ved Uni-
versitetet i det mindste et halvt Aar; dog dennem undtagen, som komme
til Universitetet fra Island og Færöe, hvilke, i Henseende til, de for den
störste deel ere fattige, og ingen Tilstöd kunde vente af deres saa langt fra
værende Venner, hidindtil have været og fremdeeles skulle blive benaadede
med Kosten, straks efter at de ved Universitetet ere immatriculerede. For
Kosten skulle ellers de, der Aariigen komme til Universitetet, udarbeyde et
Specimen Latinum, som hidindtil brugeligt haver været. Magistri og Phi-
losophiæ Baccalaurei maae spiise fem Aar i Communitetet, men de övrige
Alumni alleeneste tree Aar og ingen længere.

57

Af samtlige Professoribus Theologiæ skal beskikkes een Præpositus Com-
munitatis, som bör for sin betjening nyde saadan Lön, foruden Kosten, at

hand kand leve, uden at være de fattige Alumnis til Besværing og Byrde. Thi skulde Professores Theologiæ med Consistorio overlægge, hvad Præpositus kand bekomme til Lön, og hvoraf det skal tages; samt og sætte de Penge, der pleye at gives Præposito pro Introductione paa saa fast og taalelig en Foed, at ingen sig derover med billighed kand besværge; hvilket deres Forslag, naar de dermed ere færdige, skal Os, til videre Allernaadigst Approbation af Patrono Universitatis, som de have at levere det til, allerunderdanigst forestilles.

58

Præpositus Communitatis bör dagligen uden Forsömmelse hver Middag og Aften, fra det förste Spiisningen begynder og indtil den endes, være tilstæde i Communitetet; Hand skal see nöye til at Alumni blive spiisede forsvarligen, samt efter Contracten; Finder hand nogen kiendelig Mangel paa Spiisningen, da andrager hand sligt for den Professore Theologiæ, som det Aar er Inspector. Præpositus skal desforuden have nöye Opsyn med at Alumni holde Bordskik og tee sig sömmeligen, uden Bulder og Raaben, samt at de flitteligen holde deres Exercitia. Om Formiddagen begynder Spiisningen Klokken 10. Og om Eftermiddagen Klokken 5. Undtagen paa de Dage naar Promotiones skee, eller Professores disputere; Thi Spiisningen begynder da först, naar deslige Promotiones eller Disputationes ere til Ende.

59

Ved hvert Bord skal være en Decanus, der ved samme Bord dagligen bör indfinde sig paa lige Tiid, og til lige Opsyn med Præposito, som antager Decanos af de allerlærdeste og skikkeligste Personer i eller udenfor Communitetet; dennem hand dog tilforne skal præsentere for Theologis, for at bekomme deres Approbation. Og efterdi Decani for saadan deres Embede aldeeles ingen Lön nyde, mens alleeneste Kosten, da, ifald de andensteds have Kost her i Staden, tillades det dem aleene, men ingen anden af de övrige Alumnis, som for er mældet, at overlade den Kost, dennem i Communitetet gives, for en maadelig Priis.

60

Præpositus maa ey selv antage til at nyde Kosten, hvem hand vil; dog tillades hannem at foreslaae nogle af de Lærdeste og skikkeligste, som hand kiender. Men ingen gives Kosten, förend alle fire Theologi have under deres Hænder tilstillet Præposito Navnene paa dem, som den skal nyde.

61

Imedens Alumni Communitatis spiise, skulle de altiid over een vis Materie disputere, paa Latine, saaledes at Commensales skiftes til at være Respondentes og Opponentes. Men Præpositus ved det överste, og Decani ved de andre Borde ere stædse Præsides. Ved hvert Bord maa desforuden være nogle Excercitiarii, som ingen Kost nyde, men sidde ved Bordene for at lære noget, samt öve dennem i at disputere. Hver Löverdag Aften skal opslaaes de Materier, som Alumni have at disputere over; Og paa det slige Materier kand være nyttige og forstaaelige, have Professores, enten alle eller nogle af dem, som de imellem sig selv udmælde, at træde tilsammen og forfatte et vist Reglement over de Materier, som Alumni i deres Disputationer skulde forhandle; Hvilket de have Universitetets Patrono til hans Approbation at foreviise.

62

Alumni Communitatis bör flittelige, saa vel Söndage, som andre Hellige- og Bededage, söge Kirken, og der med Andagt höre Guds Ord. Som og deres Spiisning dagligen skal begyndes og endes med Bön og Guds Paakaldelse; Men et Capitel af den hellige Skrift læses paa Latine ved hvert Maaltiids Slutning.

63

De, der enten forsömme Kirken, eller deres Exercitia, antegnes af Decanis, og angives for Præposito, som, efter Sagens beskaffenhed, Mulcterer dem eller udelukker dem for en vis tiid af Communitetet; Skulde nogle, alle Paamin- delser og jevnlige Advarseler u-agtede, ofte forsömme Kirken og Excercitia eller före et uskikkeligt Levnet, da forviises saadanne, som de, om hvis For- bedring intet Haab er, aldeeles af Communitetet. Dog naar nogen fortiener at udelukkes af Communitetet enten til en tiid eller gandske og aldeeles, da skal Præpositus först andrage sligt for den Theologiæ Professore, som er Communitetets Inspector, og tillige melde hvor udi hans Forseelse bestaar; Förend sligt er skeet, maae ingen af ham bortviises fra Kosten.

64

De, som sidst have responderet og opponeret i Communitetet, skulle altiid være færdige, næste gang til samme Forretning, paa det, om de, som sligt ellers tilfaldt, udebleve, de da kunde antage deres Partes. Thi Excercitia maae ingen Middag eller Aften forsömmes; Som det og skal være alle Stu- diosis tilladt, at gaae ind i Communitetet, endskiöndt de ey spiise der, og at anhöre Excercitia, dog at de betee dem sömmeligen, og ey med Latter eller Bulder foraarsage mindste Uroe, saa fremt de ey med Eftertryk ville sættes til Rætte, og alvorligen straffes efter Sagens beskaffenhed.

65

Det tillades Alumnis at reise ud paa Landet eengang om Aaret, eller, naar fornöden giöres, oftere, dog maae de ey være længere borte end een Maa- ned. Men dem, som i særdeeles fornöden Tilfælde maatte foraarsages at Reyse til Norge, eller den længst fraliggende deel af Jylland, tillades otte, eller i det höyeste ti Ugers tiid. Förend de reyse, skulle de dertil indhænd- te Præpositi samt deres privati Præceptoris skriftlige Tilladelse, i hvilken skal være indfört til hvad Tid de have at komme tilbage, da de og skulle indfinde sig; med mindre at de maatte falde i nogen saadan Svaghed, som beviisligen kunde hindre deres Tilbagekomst, da de have sligt Præposito u-fortövet ved Skrivelse at tilkiendegive, som derom underrætter Theologum Inspectorem. Imedens de ere borte, nyde andre fattige, flittige og skikkelige Studiosi den Kost, dennem ellers tilkom, indtil de igien indfinde dennem; hvilket og skeer, naar nogen, for een eller anden Forseelse, udelukkes til en Tiid fra Communitetet, da altiid en anden skikkelig Person i hans Stæd skal forundes Kosten.

66

De, som nyde Kosten i Communitetet, skulle, naar de ere Baccalaurei, i det mindste een Gang om Aaret disputere i Regentzen, men ere de ey Baccalaurei, da declamere. Formaae de ey at lade deres Disputationes trykke, tillades dennem at forfatte saadanne skriftligen. Dog maa ingen Studiosus disputere sine Præside Theologo in Materia Theologica. Deres Disputationes maae de ikke sammenskrive uden Judicio af trykte Bögger, eller med Skiödeslöshed og lösligen dem forfatte, men de skulle være med deres beste Fliid udarbeydede. Til hvilken Ende saavel Declamationes, for de holdes, som Disputationes förend de trykkes, bör foreviises enhver Alumni priva-to Præceptori, som med Fliid igiennem gaar dem, rætter hvad der kand være forseet, og veyviiser Auctorem, hvorledes hand kunde have handlet Materien bedre. Af alle saadanne Disputationer og Declamationer skal leveres Præposito eet enten reenskrevet eller paa Skrif-Papiir trykt Exemplar u-indbundet, som ved Aarets udgang skal samles i et Bind, og hensættes paa Universitetets Bibliotheqve. Saa skal og hvert Aar tvende gange, nemlig först in Januario, og först in Julio tilkiende gives Alumnis, hvor mange af dem, og hvad Uge i det halve Aar de skulle disputere eller declamere; Forsömme de sligt, eller forrætte det ey til den ansatte Tiid, udelukkes de fra Kosten, indtil de saadan deres Pligt fyllestgiöre. Da de vel igien kunde faae Sted i Communitetet, men skulle dog betale i Mulct til fattige Studiosos toe Mark danske for hver Uge de udeblive over den ansatte Tiid. Saadanne og deslige Mulcter oppebærger Præpositus og giör Theologo Inspectori Regenskab for dem. Men udebliver nogen med at disputere eller declamere Seks Maaneder over den ansatte Tiid, da udelukkes hand gandske af Communitetet. Og giver Præpositus stædse Theologo Inspectori tilkiende, saa snart nogen af Alumnis, med at disputere og declamere, findes seendrægtig og forsömmelig. Udkommer nogen af Communitetet for den Tid det tilfalder ham at disputere, da skal den som igien nyder Kosten, sligt paa hans vegne forrætte, hvilket den nyskommende bör forpligte sig til, for hand træder til Plads i Communitetet. Præpositus skal hvert halve Aar give Theologo Inspectori en skriftlig Fortegnelse paa dem som det halve Aar skulle disputere og declamere, og bör ved hvert Navn staae, hvad Uge til slig ham tilfaldende Forretning er berammet.

67

Paa det med Alumnis Communitatis kand haves flittelig Opsyn, skal altiid
en Professor Theologiæ være Inspector: Hvilket Embede hand forvalter eet
Aar, og naar det er til Ende, da tiltræder en anden det i hans Sted; saa
at hver af de fire Theologis hvert fierde Aar bliver Inspector. Dem som det
Aar stædes til Kosten, indskriver Inspector med egen Haand i Communite-
tets Matricul; Som hand og i det mindste eengang om Maaneden gaar ind i
Communitetet og giver nöye Agt, at Alumni forsvarligen spiises, holde de-
res Excercitia, og tee sig skikkeligen. Have ellers Alumni, enten over Spiisen
eller andet, nogen billig Klage at före, andrage de det for Præposito, som
efter at hand Sagen nöye haver examineret, giver Inspectori dens Sammen-
hæng tilkiende, der skal være forbunden at raade Boed paa hvad bör rættes.
Haver og enten Præpositus, Decani, eller Oeconomus Aarsage og Föye til
at klage over Alumnes, da anmeldes sligt ligeledes for Inspectori, som skal
være forbundet, at see dem, som sligt fortiene, vedbörligen til Rette satte.

68

Hvert Fierding Aar skulle alle Professores Theologiæ, samt Rector Uni-
versitatis og Decanus Philosophiæ eengang gaae ind i Communitetet, naar
Alumni spiise; Til hvilken Ende hver af dennem skal gives en Nögel til
Spiise-Stuen, at de der Uanmældede kunde indkomme. De skulle da tage
i Erfaring om Alumni efterleve deres Pligt, og nyde Skiel. I Særdeeleshed
skulle de give Agt paa, hvorledes Excercitia holdes, samt om Præpositus og
Decani ere tilstæde, og kunde saaledes fyllestgiöre deres Embeder, at Ung-
dommen deraf kand höste nogen Nytte og Opbyggelse. Det skal og stande
Rectori Universitatis, Professoribus Theologiæ og Decano Facultatis Philo-
sophiæ frit for, enhver især, at gaae ind i Communitetet, saa ofte de finde
det for got, og deres Leylighed det tillader. Men af de övrige Professoribus,
Juris Medicinæ og Philosophiæ skal være forbundet i det mindste eengang
om Ugen at indfinde sig i Communitet medens Alumni spiise, og have tilsyn
med hvad der forefalder. Hvilket saaledes bör gaae om imellem dennem, at
ingen Uge vorder forsömmet; men at de, uden at Alumni eller andre vide
det, kunde indkomme, gives hver af dennem en Nögel til Spiise-Stuen.

69

I den Deel af Regentzen, som nu er opbygt og indrættet, samt i den anden
Deel, som saa snart skee kand bör sættes i Stand, skulle indtages saa mange
af de allerfattigste, men derhos flittige og skikkelige Studiosi, som den kand
rumme. Hvilke nyde der, frie Huusværelse, nogen Ildebrand, og hvad Penge
en eller anden til visse Kammere have henlagt. Saa beholde de og den Frie-
hed at bære Liig, naar det af dennem forlanges, hvilket Vor elskelig kiære
Hr. Fader af höylovligst Ihuekommelse dennem haver forundt, i Henseende
til den Tieneste de giorde Aar 1711, medens Contagionen varede.

70

Præpositus Communitatis skal stedse boe i Regentzen og beholde de hannem der hidindtil bevilgede Værelser. Men han skal ej have Magt, der at indlægge hvem hannem lyster. Hand kand foreslaae de allerfattigste og skikkeligste Personer, og vente under samtlige Theologorum Hænder hvo der skal indtages, naar Plads bliver ledig. Endskiønt og visse Fundatores til et og andet Kammer, som de med en Aarlig Penge-Indkomst have forbedret, kand have reserveret dennem og deres Arvinger Ræt at nevne de Personer, hvilke paa samme Kammere skulde indlægges, saa bör dog de af dennem nævnte præsenteris for Theologis; Thi falder der noget paa deres Levnet eller Lærdom med Billighed at siige, bör dennem ey tillades Værelse i Regentzen, men vedkommende have andre i deres Stæd at nævne.

71

Der skulle desforuden være tree Inspectores i Regentzen, som bör vælges af de Lærdeste og skikkeligste og sagtmodigste Personer, og kunde de samme ogsaa frem for andre antages til Decani paa Communitetet, hvor ved de faae frie Kost, samt dennem forundes et eller andet Stipendium, hvorved de ey forbandtes til at være i andre Collegiis. Disse Inspectorum Embede skal være at give nöye Agt paa deres Levnet der ere i Regentzen, samt naar de finde nogle hengivne til Örkeslöshed, Drukkenskab eller anden Udyd, da at anmælde sligt for Præposito. De skulle og, naar Regentz Porten er lukket, hver Aften tilsee, om Alumni ere hiemme og findes paa deres Kammere; Ere nogle uden for, da angive de det for Præposito: Med hannem de og hver fiortende Dag een gang have at overlægge, om noget kand være tienligt til at holde Orden og Skik i Regentzen. Hvad saadant Middel de kunde udfinde, skal Professoribus Theologiæ til deres Approbation forestilles.

72

De der have Værelse i Regentzen skulle ikke alleeneste være Professoribus, men endog Præposito og Inspectoribus i bemelte Regentz hörige og lydige, og det under vilkorlig Straf, ifald anderledes befindes. De maa ingenlunde forsömme Bönnen, der Morgen og Aften skal holdes i Regentz Kirken; Men de skulle endog i god Skik og Orden, hver Söndag og Helligdag fölge med Inspectore i Kirken; De bör og ingenlunde forsömme deres Altergang; men i det mindste tree gange om Aaret dennem dertil Gudeligen og vel beridde indfinde. Til hvilken Ende de otte dage for de slig Gudelig Andagt forrætte, skal give det Inspectori tilkiende, som dennem formaner til at pröve dem selv, og betænke hvad de forehave.

73

Regentz Porten skal tillukkes om Sommer Aftener Klokken 10. Og om Vinter Aftener Kl. 9. Til hvilken Tiid Præpositus og Inspectores, som bör foregaae Alumnis med gode Exempler, skulle være hiemme og paa deres Kamre. Thi efter saadan Tiid maae ikke Porten oplukkes for nogen, hvo det end kunde

være; Hvo som udebliver om Natten, eller findes i Drukkenskab, i Klamme-
rie, eller med dragen Kaarde og ladt Gevæhr i Regentzen, skal angives for
Inspectore Theologo, som med de andre Theologorum Samtykke forviiser
ham af Regentzen.

74

Rector Universitatis, Professores Theologiæ og Decanus Facultatis Philoso-
phicæ, skulle fire gange om Aaret besöge lige saavel Regentzen som Commu-
nitetet, for at erfare i hvad Stand Kamrene ere, samt om Alumni holde dem
reene og skikkeligen. Inspector Theologus bör og nogle gange u-anmældet
indfinde sig i Regentzen, og kand undertiden gaae i Regentz-Kirken, naar
Bön holdes, for selv at erfare, om Alumni flitteligen og med Andagt bivaane
Bønnen.

75

Paa det og at de, der nyde enten Kost i Communitetet, eller Værelse som
sagt er, eller begge Deele, kunde des fastere bindes til at efterleve, hvad
dennem her befales, da skulle de, för de stædes til at nyde enten af Deelene,
skriftligen forbinde dennem, det uryggeligen under en vis Straf at efterleve.
Til hvilken Ende, samtlige Professores skulle besörge eet project til saadan
een Revers: I hvilken hos hver Forseelse skal mældes hvad Straf paa den
bör fölge. Saadan project, skal Patrono Universitatis foreviises, og naar den
af ham er approberet, bör siden enhver, för hand stædes enten til Kost i
Communitetet eller til Værelse i Regentzen, samme i en vis dertil indrættet
Bog, med egen Haand skrive og underskrive.

76

Hvad alle andre Legata angaae, som ere givne til Universitetet, da bör Fun-
dationerne paa det Allernöyeste efterleves, fra hvilke ingen maae under-
staae sig at vige, under hvad Paaskud det end være kunde. Til de Collegia,
som Professores have Rætt at belægge med Alumnis, skulle de nævne de
Allerskikkeligste, flittigste og lærdeste iblandt trængende Studiosos, uden
ringeste Henseende til, enten de ere Professorum Börn og Paarörende eller
ikke. Thi som dem ligesaa vel maae forundes Stæd i Collegiis som andre,
saa var det ubilligt, om andre Trængende, som maatte være skikkeligere,
lærdere, og flittigere end de, skulle vige for dennem.

77

Stipendia, som ere Funderede til de Studerendes Udenlands Reyser, og hvil-
ke Professores kunde have Rættighed til at bortgive, maae ey nogen inds-
krives til i hans Barndom og Ungdom, da mand ey engang kan viide, om
hand i sin Tiid kommer til at Studere, end sige hvorledes, ifald saa skeer,
hand vil forfremmes i sin Studiis. Slige Indskrivelser skulle derfor her efter
gandske være afskaffede, helst hvor Fundationerne ey med tydelige Ord til-
lader dennem. Og maae paa saadanne Stipendiis intet skriftligt Löfte gives

nogen, förend de blive ledige: Da til dennem at nyde bör udsöges de, der ey af egne Midler kunde reyse, men dog ved deres Lærdom og Flittighed have giort dem saa bekiendte, at Universitetet kand have Ære af dem, naar de komme ud til fremmede Universiteter. Hvor og Fundationerne tilholde, at de, som agte at reyse, skal för deres Udreyse examineres og aflægge visse Pröver, eller imedens de ere uden Lands, give et Specimen i Trykken, der bör saadant efterkommes, men forsömmes det, miste de Stipendium.

78

Hvor Fundationerne forbinde dennem, som nyde Stipendia, at reyse uden Lands til visse Vilkor, og lægge dette dertil, at naar Stipendiarii ey efterleve det i Fundationerne Paabudne, eller i sin Tiid komme til andre Embeder, end Fundatores have villet at de der nyde Frugten af deres Gavmildhed skulle betiene, der bör Professores, men særdeles Ephori over saadanne Stipendia, tage Revers af dennem de gives til, för de reyse ud af Landet, at de Fundationerne nöye ville efterleve, og, i Fald det ikke skeer, tilbage give alt hvad de have oppebaaret skadeslöst. Saadanne Reverser skulle forvares paa Consistorio, og bör Ephori med samtlige Professoribus vaage for og holde over, at de, uden Personers Anseelse, eller nogen Indvending efterleves.

79

Saa fremt Professores i Almindelighed, eller Ephori Stipendiorum i Særdeeleshed, vidende og med frie Villie bortgive Stipendia til de Personer, som enten efter Fundationerne ey burde have dem, eller og ey fyldestgiöre, hvad saadanne Fundationer anordne at skulle skee, for dennem Stipendia maa leveres, da skulle de Professores, som der i ere skyldige, af egne Midler skadeslös udreede hvad een saadan Person haver oppebaaret, som enten skal gives til en anden, eller lægges til Stipendii Capital. Hvorudover, för nogen et Stipendium, særdeeles at reyse uden Lands med, forundes, da bör Ephorus indhendte samtlige Professorum skriftlige Betænkning, om de formeene at samme Person efter Fundationen kand oppebærge det eller ey: Hvilken Betænkning skal blive i god Forvaring paa Consistorio. Thi befindes det siden, at saadan Person haver været bekiendt for anderledes skikket, end de, som Fundationen tillægger Stipendium skulde være, da bliver den Professor, som Voterede mod Personen, frie for ald Ansvar, og Angerlös; Som og de, der Votere imod nogen, skulde altiid derhos skriftligen forklare, af hvad Aarsage de giöre det.

80

Da alle Universitetets Bibliotheqver ved sidste store Ildebrand ere lagte i Aske, vil det være nödvendigt, at et Bibliotheqve, som er umistelig for Universitetet, saa snart mueligt, igien samles. Som Vor elskelig kiære Hr. Fader af höylovligst Ihuekommelse dertil haver giort en god Begyndelse med Allernaadigst at skienke een Deel Bögger, saa ville Vi og Allernaadigst være betænkt paa, saadant Tal at formeere. Saa skal og dertil anvendes, hvad Indkomster der kand falde efter en Professores Död eller Forfremmelse, medens Professionen staar leedig, samt indtil en anden Professor beskikkes. Dog at vedkommende herefter, som hidindtil, aldeeles upaaanket oppebærge deres Deel in Anno Gratiæ. End ville Vi allernaadigst see derhen, at videre Midler til Böggers Indkiöb, kand vorde udfundne. Men samtlige Professores skulle nöye med hver andre overlægge hvad Bögger först og fornemmeligen skal anskaffes: Og maae det ey staae i Bibliothecarii Magt alleene at kiöbe hvilke hannem lyster.

81

Naar Bibliotheqvet er i brugbar Stand, skal stedse der ved være een Bibliothecarius: Hvis Embede bliver ikke aleene at have god Opsyn med Biblioteqvet, samt i det mindste eengang om Aaret gaae det igiennem for at erfare om ingen af Böggerne ere blevne borte, og see dem ved Famulum Bibliotheqve afstövede; Men end og tvende gange om Ugen for den Studerende Ungdom at holde Lectiones publicas de Notitia, delectu et Vero Librorum usu. Hvilke Lectiones skal holdes om Onsdagen og Löverdagen, en Time hver af bemelte Dage. Til Bibliothecarius kunde beskikkes een af Philosophis, som ey skal tages efter noget Slags Senium, eller og en anden lærd og til sligt Embede beqvem Mand, som maae udvælges af samtlige Professoribus og forestilles Patrono Universitatis, hvis skriftlige Approbation skal indhentes för hand Embedet tiltræder. Til Lön nyder hand alt hvad der haver været tillagt Proto-Bibliothecario og Vice-Bibliothecario. Forsömmer Bibliothecarius at læse paa Bibliotheqvet, da kortes for hver gang af hans Lön 4 Rdlr. til Bibliotheqvet: Hvilket at det rigtigen skeer Rector Universitatis drager Omsorg for; Dog saafremt hand falder i Sygdom, eller med Rectoris tilladelse paa 2 à 3 Ugers Tid i det höyeste reyser ud paa Landet, afkortes hannem intet, naar hand imidlertid bestiller en anden, som kand tage hans Forretninger vare.

82

Der foruden skal ved Bibliotheqvet være een Famulus, som bør vælges af de skikkeligste Studiosis, og maae have nogen tilstrækkelig Kundskab om Bøgger. Hans Embede bliver at gaae Bibliothecario til Haande med at forfatte Catalogum, og naar hand holder sine Lectiones, da at række ham de Bøgger hand forlanger, samt at tiene den Studerende Ungdom med at frembringe de Bøgger, som de begiære at bruge; saa og hver Dag naar Bibliotheqvet staar aabet, at sætte hver Bog, før det lukkes, i sin Sted igien. Hand skal altiid være paa Bibliotheqvet naar det er aabet: Forsömmer hand sligt, da böder hand for hver Formiddag 1 Mark Danske, og for hver Eftermiddag lige saa meget til Pauperes Studiosos. Hvilken Mulct Rector af hans Lön indeholder; Hannem Bibliothecarius tilkiendegiver saa ofte Famulus forsømmer; Dog dersom hand falder i Svaghed, eller med Rectoris og

Bibliothecarii Samtykke for en føye Tid rejser ud paa Landet, afkorter hand intet, naar hand bestiller en anden, som imidlertid kand tage hans Embede forsvarligen vare. Famulo Bibliothecæ kand forundes Kost paa Communitetet, dog at hand selv spiiser der: Saa nyder hand og til Løn det som een af Professorerne pro Bibliotheca Veteri havde, nemlig 15 Rdlr. saa og det som Famulo Bibliothecæ Hopnerianæ var tillagt, samt af hver Studioso som deponerer eller inscriberis 1 Mark 8 Sk. Hvorimod Studiosi og Cives Universitatis intet giver pro inscriptione til Bibliothecam; Men de fra fremmede Steder hidkommende, naar de forlange at betiene dem af Bibliotheqvet og höre Bibliothecarii Lectiones, skulle pro inscriptione betale hver 2 Rdlr. Hvilke Penge anvendes til de i Bibliotheqvet manglende Bögger at indkiöbe.

83

Bibliotheqvet skal være aabet for dem det vilde besøge: Femb gange Ugentlig, nemlig: Mandag, Tiirsdag, Onsdag, Torsdag og Løverdag, Om Formiddagen Kl. 8 til 10. Om Eftermiddagen fra Klokken 2 til 4. Men i Augusti Maaned staar det hver Dag aabet, undtagen om Söndagen, saa og om Fredag Formiddag. Hverken Bibliothecarius eller Famulus maa udlaane nogen Bog af Bibliotheqvet med mindre det maatte være til Professores, hvilkes Revers da skal tages paa deslige Bøgger, hvorved de skulle forbinde dem, til en vis Tiid at skaffe samme aldeeles uskadde tilbage. Befindes nogen at have borttaget eller mutileret een eller anden Bibliotheqvet tilhørende Bog, da udelukkes hand ey alleene fra Bibliotheqvets videre Brug men relegeres end og aldeles fra Universitetet.

84

Een af Professoribus skal være Universitetets Qvæstor eller Rentemester, som skal i Agt tage dets Regenskaber og andre Ting, dets Indtægter og Udgifter vedkommende; Paa det de övrige Professores med des större Roelighed kunde beobagte deres Professioner. Samme Rentemester skal være een af Philosophis, og bör hand, för Embedet af ham tiltrædes, stille Universitetet Caution af 3 eller 4000 Rdlr.

85

Saadan Universitetets Rente-Mester skal være forbunden: 1) At giöre Regenskab for alle de Indtægter og Udgifter, hvilke hidindtil have været under Rectoris Forvaltning; I hvilken Henseende Professores skulle betale til ham hvad Afgifter de bör give, enten af det Jorde-Gods de nyde pro Officio, eller af de Tiender, som de kunde have opteret, og det sex Uger i det seeneste, efter at hvert Aars Capitels-Taxt er sat, under Straf af hver Professore som det forsömmer paa 10 Rdlr.: hvilke skulle være forfaldne til Universitetets Bibliotheqve: Som og Rector haver saadan Mulct af den udeblivende Professoris Distribution at indeholde. 2) At have alle Legatorum og Kirkernes Capitaler under Forvaltning, men dog ingen af dem udsætte paa Rente, ey heller nogen af dem, naar de kunde opsiges imodtage, uden samtlige Professorum Videnskab og Samtykke: men aarligen at levere Renten af deslige Capitaler til vedkommende Ephoros og Kirke-værgere. 3) At oppebærge og indsamle Studii-Skatten og Cathedraticum, saa vel i Danmark som Norge, og derom jevnligen tilskrive Biskopperne; ligeledes og andre Universitetets Indkomster, som enten ere, eller kunde vorde tillagde, og her og der fra bör indsamles, for siden at distribueris. 4) At igiennemgaae og eftersee alle Universitetets Landsbye Kirkers Regenskaber Otte dage för de fremlægges paa Consistorio, som skal være inden den 15. Julii: Hvortil hannem Aarligen skal adjungeres tvende af Professoribus, hvilke udnævnes saaledes, at det förste Aar paatage tvende af de överste dennem denne Forretning, det andet de tvende næste, og saa fremdeles, indtil det igien begynder fra de överste, 5) Tillige med tvende Professoribus Aarligen at eftersee alle Professorum Residencer, naar de eengang komme i Stand, saa og alle andre Universitetets Bygninger i denne Vor Kongelig Residence: Samt om deres Tilstand, Bröst og Mangel, ifald nogen forefindes, hvert Aar, inden 1. Maji, at give, under sin Haand, Consistorio ald fornöden Opliusning. 6) At andrage for Consistorio, alt hvad hand formeener der med Rætte kand tiene til Universitetets Conservation, samt Professorum Indkomsters Forsikring og Forbedring: Hvilke hans Forslag, naar paa dennem först bliver erholdet Universitetets Patrons Biefald, hand haver at sætte i Værk. 7) At forestille Consistorio, saa ofte Universitetet kand blive tvunget til at före nogen Process paa Legatorum, Kirkernes eller Jorde-Godsets Vegne og saa fremt Consistorium finder for got, at Sagen skal paatales og udföres, da at besörge dens drift og Endelighed, dog paa Universitetets eller Legatorum Bekostning, som Sagen maatte angielde. 8) At indlevere hvert Aar inden 1. Octob. rigtig Regenskab for Legatorum Capitaler, Universitetets almindelige Indtægter og Udgifter, samt inden 1. Novemb. for den Danske og Norske Studii-Skat: Udebliver hand over den tiid, betaler hand for hvert Regenskab 30 Rdlr. som skal være forfaldne til Universitetets Bibliotheqve. Saadanne af ham indleverede Regenskaber, skulle siden omsendes til Professores, men af enhver igiennemsees og af samtlige Mangler, saa fremt der noget paa dem falder at mangle. Naar og siden fornöjelig Rigtighed af Universitetets Rentemester er giort for en hver manglet eller udsat Post, skulle de indföres i een dertil indrettet Regenskabs Protocoll, som bör være in duplo, saa at Universitetets Rentemester beholder den eene. men den anden stedse bliver paa Consistorio; Begge bliver underskrevne og qvitterede af samtlige Professoribus, men Notarius besörger dem indförte i Protocollerne. 9) At eftersee inden Nytaars-Dag hvert Aar, alle under Universitetets Jurisdiction værende Værgemaals Regenskaber, samt andrage for Consistorio, om nogen af dem er udeblevet, om Værgerne kand eragtes for vederhæftige, saa at de dennem betroede Universitetets U-myndiges Capitaler ingen kiendelig

Fare löber. 10) At indhendte Forklaring hos vedkommende ved hvert Aars Udgang, om Beholdninger ere ved Legata eller ved Universitetets Kirker her i Staden, som kunde udsættes paa Rente til næstkommende ll.Junii, samt at giøre Forslag til Consistorium paa hvad maade, og imod hvad Sikkerhed de bedst kunde udsættes, hvorpaa hand da haver at vente Consistorii Resolution.

86

Som Universitetets Rente-Mester med saa mange, saa vigtige og nødvendige Forretninger bliver bebyrdet, saa skal hannem foruden den Lön, hand Aarligen nyder lige med de andre Philosophis, endnu hvert Aar 200 Rdlr. forundes til at lönne een som læser og disputerer for ham, samt at holde een dygtig og i Regenskabs-Föring forfaren Fuldmægtig: Til hvis Forretninger dog hand og hans Arvinger i alle optænkelige Maader blive ansvarlige.

87

Som og disse deslige Universitetets Rente-Mesters Forretninger vil borttage om ikke ald, dog den største deel af hans Tiid, saa tillades det ham, paa det hand kand tage eet for Universtetet saa uomgiængelig fornøden Værk vare, at foreene sig med een af Professoribus Philosophiæ eller og en anden Mand, som imod Betaling, hvilken hand selv besørger, kand saaledes forrente hans partes, med at læse og disputere, at intet deraf vorder forsömt. Men hand skal selv møde in Consistorio, saa ofte det holdes, efterdi hans Nærværelse der højligen behøves.

88

Ved Universitetet skal herefter, som hidindtil, stedse være een Notarius, som bliver den underste i Consistorio, og forrætter sit Embede troeligen, med at føre Protocollen, vedligeholde Copie-Bögger, og forvalte Skifter efter dem, der sortere under Universitetets Jurisdiction. Hand udsteder Stævninger, tager imod Indlæg og Besværinger i hvad Sager der kommer under Consistorii Kiendelse, samt giver Domme beskrevne, saa ofte de forlanges. Hvorfor hand nyder den Betaling, som hannem efter Loven og andre allernaadigste Anordninger tilkommer.

89

Notarius skal og forfærdige Programmata, saavel til Graderne, som naar de ellers af ham, som sædvanligt været haver, forlanges. I Særdeeleshed udsteder hand Studiosorum Testimonia publica: Med hvilke hand, under vilkorlig Straf, haver rætsindeligen at omgaaes, saaledes, at hand ingen meddeeler Testimonium anderledes end hand det haver fortient; som og enhveer Privatus Præceptor bør give hannem hans Attestatum, før Notarius bemelte Testimonium Publicum under Rectoris Sigillo udfærdiger, saa skal privatus Præceptor være forbundet reent ud at melde, om den Person hand giver Testimonium, haver aflagt for ham de herudi forhen paabudne Specimina,

og flitteligen hørt Professorum Lectiones, om hand for nogen u-skikkelighed
eller Forsömmelse er bleven udelukt fra Kosten i Communitetet, fra Værel-
se i Regentzen, eller fra andet Beneficio; Om hand haver været indstævnet
til Consistorium for Ulydighed eller for nogen anden uanstændig Sag, som
hannem er bleven overbeviist, samt om hand haver giort større Gield end
at hand kunde betale: Hvilket naar Personens privatus Præceptor haver an-
draget for Notario, da bør det Testimonium, som hand udstøder, derom ty-
deligen mælde; med mindre Personen siden er befunden kiendeligen at have
rættet og bedret sig. Og ville Vi Allernaadigst, at naar herefter nogen enten
for Os, eller for nogen som haver Jus Patronatus til Kirker, giør Ansøgning
om et eller andet Præste Embede, da skal hand, for hans Suppliqve, enten
om hans Allernaadigste Befordring til deslige, eller om Confirmation paa
det hannem givne Kaldsbrev, Os allerunderdanigst maae refereres, foreviise
i vort Cancellie sit Testimonium publicum: Efter hvilket, om hand findes
skyldig i oven anførte Forseelser, skal det Os allerunderdanigst refereres.
Skulde og nogen Biskop betroe een eller anden, som medbringer et slet
Testimonium fra Universitetet, et Rectoris, Conrectoris, Degne eller andet
kristeligt Embede, da stande hand derfor til Rætte; Som det og hermed
Biskopperne alvorligen vorder anbefalet, naar nogen giør Ansøgning om et
ledigt værende Embede, som de have at bortgive, da, for de saadan een til
deslige Embede beskikke, at søge Underretning hos Rectorem Universita-
tis Regiæ, hvorledes hand sig herved Academiet haver forholdet, saa fremt
hand intet Testimonium derfra med sig bringer.

90

Vi ville Allernaadigst vide Universitetet og dets Betientere Conserverede
ved alle de Frieheder, som Vore Forfædre höylovligste Konger i Danmark
og Norge dennem allernaadigst forundt og med forlenet have.

91

Den ældste Professor, som er Senior Universitatis, skal være Professor Ho-
norarius og fritages lige saa vel herefter, som hidindtil, efter forige Funda-
tiones, fra at læse og disputere, med mindre hand selv deslige Forretninger
sig vil og kand paatage. Dog bør hand møde i Consistorio at overlægge, til-
lige med de øvrige Professoribus Universitetets Beste, saa ofte og saa længe
hans Kræfter det tillade.

92

Naar nogen Professor enten ved Døden afgaar eller træder fra Embedet,
da nyde hans Enke og Arvinger, eller hand selv, naar hand i levende Live
bortkommer, Naadsens Aar, efter den hidindtil ved Universitetet brugelige
Maade; Thi det er billigt, at for hvad hand selv haver udgivet, derfor skeer
af hans Eftermand Vederlag.

93

Studiosi skulle beviise Rectori Universitatis og de øvrige Professoribus ald sømme-lig Ærbødighed og tilbørlig Lydighed i hvad Kristeligt og Ræt er; De maae ey giøre ufornøden Gield, og intet af nogen laane, som overgaar 10 Rdlr. eller dets Værd, uden deres privati Præceptoris Samtykke: Og som den der betroer en Studioso over 10 Rdlr. mister sin Fordring og haver Skade for Hiemgield, saa bliver det dennem og selv til Hinder i deres Velfærd, naar sligt mældes i deres Testimoniis, og de derved udelukke dem selv fra ald Forfremmelse.

94

Vi ville Allernaadigst have Studiosos forsikrede om alle de dennem af VO-RE HOYLOVLIGSTE FORFÆDRE, allernaadigst forundte Frieheder; Og skulle de i alle Sager, Manddrab alleene undtagen, søges for Consistorio.

95

For at opmuntre den Studerende Ungdom dis meere til Dyd og dis större Flittighed, ville Vi af særdeles Kongelig Naade være betænkt paa deres For-fremmelse, der ved Universitetet frem for andre have giort sig bekiendte af Flittighed og Lærdom. De der have bragt det vidt in Studio Theologico, og findes til Prædike-Embedet vel begavede, ville Vi have i særdeelis Allernaa-digst Tanke, naar de noget saadant Embede söge, og medbringe fra Univer-sitetet Vidnesbyrd om deres Lærdom, Dygtighed og Christelige Levnet. De der in Jure ere vel grundede, kunde giøre sig Haab at blive befordrede til Advocater i Vores Höyeste Rætt, til Dommere, og end til Anseeligere Em-beder, naar de, til samme at forestaae, findes beqvemme. De som have lagt dem efter Medicinam, kunde vente at blive Medicinæ Professores, som det og tillades dennem, naar de ere promoti Doctores, saavel her i denne Vores Kongel: Residence som over alt i Vore Riiger og Lande at öve praxin Medi-cam. Hvilke af Studiosis in Philosophia, men særdeles in Lingvis, haver giort större Fremgang end andre, ville Vi Allernaadigst at skulle til Rectorater og Conrectorater, samt andre Skole-Embeder befordres. Desforuden kand enh-ver af Universitetets Suppositis, som i een eller anden Facultet haver giort sig særdeles bekiendt for Lærdom og Flittighed, haabe at blive Professor i samme Facultet, efterdi Vi heller af Vore egne kiære og troe Undersaatter tage dennem, der skulle betienne deslige magtpaaliggende Embeder, end af fremmede, helst naar Vore egne findes i det mindste lige saa dygtige som fremmede.

96

Som Vi, efter forhen giordte Allernaadigste Anstalter ville, at Professores uden ringeste Forsömmelse, skulle giöre deres Embeder, til den Studerende Ungdoms beste, saa have Vi og Allernaadigst været betænkt paa, at de for deres Möysommelige Arbeyde kunde være og blive til Nödtörft vel aflagde, paa det at de uden Suk og Mangel maae betiene deres Embeder. Thi da

Vi ere komne i Allernaadigst Erfaring, hvorledes den störste deel af dennem
ikke ere med saadanne Indkomster forsynede, at de kunde af dem have deres
Udkomst og Nödtörftige Underholdning, naar de intet andet betjener end
deres Professioner, og Vores Allernaadigste fuldkomne Intention er, at see
Videnskaberne i Vore Riiger og Lande, saa meget mueligt er, forplantede,
hvilket neppe staar til at vente, med mindre Universitetet saaledes kommer
i een blomstrende Stand, at eenhver Professor med en u-trættelig Fliid giör
sit Embede, saa ville Vi og allernaadigst, at de herefter skulle forsynes med
saadanne Indkomster at enhver af dennem skal kunde leve af sit Embede,
foruden at stræbe efter videre. Til hvilken Ende Vi Allernaadigst ville, at
de trende nederste Professorum deres Lön, som de, imedens Tallet i Facul-
tate Philosophica var 10. have haft, enten af Jorde-Goeds eller Penge, skal
deeles imellem de syv vedblivende Philosophiæ Professores, saaledes at de
desforuden beholde deres sædvanlige Indkomst. Her foruden have Vi Aller-
naadigst for got befunden at den nye Studii-Skat eller Cathedraticum, som
herefter af Kirkerne over alt paa Landet, og af Præsteskabet i Danmark
og Norge skal betales, saavel som og de Pensiones, hvilke Præsterne over
alt i Kiöbstæderne i begge Riiger vorde ansatte for, hvorom Vor Allernaa-
digste Forordning af 18. Martii 1732. allerede er udgangen, med Vores Al-
lernaadigste Befalninger til Stiftsbefalings Mændene og Biskopperne, skulle
altsammen komme Universitetet til gode, og deraf eendeel lægges til Bi-
bliothecam Academiae publicam, men det övrige at deeles imellem samtlige
Professores, til at forbedre deres Aarlige Lon og Indkomster med, paa det
de alle noget nær kunde blive liige, og det altsammen efter saadan Liigning,
som de siden til Os allerunderdanigst have at indgive, og derpaa at forvente
Vores Allernaadigste Approbation for dennem og deres Efterkommere.

97

Vi ville og Allernaadigst at Professores skulde beholde det dennem forhen
tillagde Jorde-Goeds samt Tiender, med ald den Herrlighed, hvormed de det
hidindtil have nödt: Og forundes dennem Friehed med og ved Auction at
fæste bort saadanne Tiender til den höyst bydende i Afgift, hvor udi ingen
maae giöre dennem Hinder og Forfang, under hvad Paaskud det være kunde.
Dog bliver det hverken nogen Professori, eller samtlig Consistorio tilladt, at
bortfæste nogen Tiende paa den Fæstendes Lives Tiid, eller længere end
den som haver opteret Tienden samme beholder, men hermed skal aldeeles
forholdes efter Loven.

98

Som alle Professorum Residencer ved sidste store Ildebrand bleve lagde i
Aske, saa ville Vi drage Allernaadigst Omsorg for, at de igien kunde vorde
opbygte. Naar de ere i Stand satte, skulle de vedliige holdes af Beboerne
paa deres egen Omkostning: Hvorimod Vi Allernaadigst frietage Professores
fra at svare Grundskat, naar den paabydes, samt Indqvartering af deslige

Residencer.

99

Og som Professorum Residencer vorde saaledes i Stand satte, og vedliige-holdes af dennem selv, skal den Norske og Fyenske Studii-Skat, samt Lande Sogns Konge Tiendes Indkomster (hvilket altsammen hid til dags haver været henlagt til Universitetets Bygnings-Cassa) herefter höre til Forbe-dring i Professorum Indkomster, og komme i Deeling med den övrige Danske Studii-skat, samt Præsternes Pensioner og andet, som til den Aarlige Lön er henlagt.

100

Universitetets Rente-Mester, tillige med tvende af Professoribus, som Con-sistorium udnævner, skulle eengang hvert Aar syne Residencerne, hvilken Forretnings Udfald de have at andrage for Consistorio: Og naar paa nogen Residence findes nogen kiendelig Bröst, da skal Rector med samtlige Profes-sorerne tilholde Beboerne at lade den sætte i Stand. Gior hand det ikke, bör hans Distribution indeholdes, indtil det skeer, og hand derforuden at erlæg-ge til Universitetets Bibliotheqve 20 Rdlr. for hver halve Aar Residencen, efter at Syn er taget ved Universitetets Rente-Mester og de tvende Professo-res, staar u-repareret.Saadant skal tages af samme Professoris Distribution, efter at Residencen der af först er satt i forsvarlig Stand.

101

Det skal herefter, lige som hidindtil, være Professoribus Allernaadigst til-ladt, naar nogen af dennem enten ved Døden eller i andre Maader afgaaer, da at forlade den Residence, hvilken de beboe, og optere een anden, som dennem kand synes beqvemmere. Dog maae ingen Professor optere nogen ledig vordende Residence, med mindre den hand selv beboer er vel vedliige-geholden; Thi haver hand ladet een henstaae uden fornöden Reparation, er det venteligt, at det ey vil gaae bedre, naar hand flytter ind i en anden. Hvorudover, naar nogen anmælder sig at optere en Residenee, da skulle Uni-versitetets Rente-Mester og de tvende til Bygningernes Besigtelse udnævnte Professores forföye sig ind i den Residence, som hand agter at flytte ud af, samt nöye erfare, om den er i forsvarlig Stand: Som de og skriftligen under deres Hænder bör give Consistorio tilkiende, hvorledes de den befinde. Er den da vel vedligeholdet, bliver det Beboerne u-formeent at optere en anden, men ingenlunde, om den findes bröstfældig.

102

Naar nogen Professor ved Döden eller i andre Maader afgaar, da skal Univer-sitetets Rente-Mester tillige med de tvende Professoribus, som det Aar have at eftersee Universitetets Bygninger, lade ved kyndige Handverks-Mestere tage Syn paa den Residence hand beboede, og underrette Consistorium, i hvad Stand den befindes. Er den i mindste Maader Bröstfældig, da skal den sættes i fuldkommen og aldeeles forsvarlig Stand, samt dertil anvendes saa meget som til Reparationen udkræves, af det Anno Gratiæ, hvilket tilkommer enten den Professori, som i levende Live afgaar fra Professionen, eller den afdödes Arvinger. Til hvilken Ende enhver, som indflytter i nogen Residence skal, förend hand den beboer, pantsætte sit Annum Gratiæ til Consistorium: Hvor saadan hans Pandte-Obligation skal læses, paaskrives, protocolleres og forvares til Universitetets Forsikring, at Residencen, naar hand flytter eller döer fra den, skal vorde leveret ved fuld Syn, i forsvarlig Stand. Og bliver da, saa fremt ved hans Afgang noget Mangler paa Residencen, sligt af Naadsens Aars-Indkomster forlods repareret, for enten nogen Professor, eller hans Enke, Arvinger og Creditores der af kand nyde noget. Hvorudover ingen Professor maae pandtsætte Naadsens Aar til nogen anden end til Consistorium.

103

Som efter Loven Libr. 2. Cap. 3. Art. 10. pag. 216.217 en hver, der til Præste-Embedet indvies, skal give til Universitetet toe Lod Sølv, hvilke af Biskoperne skal indkræves, og til Rectorem Universitatis aarligen fremskikkes, men det befindes, at slige Penge ikke altid rigtigen indkommer, det og falder Biskoperne vanskeligt, dem, naar Stifterne ere langt fra liggende, hid at hensende; Saa ville Vi Allernaadigst, at naar nogen i Vort Danske Cancellie sit Allernaadigst Kalds- eller Confirmations-Brev til Præste-Embede affordrer, da skal hand der lade betale de Universitetet tilkommende toe Lod Sølv eller 1 Rdlr. Og kand saa Rector Universitatis hos Vores Cancellieforvalter Aarligen til hver Michaelis lade affordre hvad det Aar af deslige Penge er indkommet, og meddeeles ham et Beviis, hvor stoer Summen er, som hand til Universitetets Rente-Mester imod hans Qvitering haver at levere.

104

Endeligen og for det sidste til des ydermere Stadfæstelse have Vi Allernaadigst fundet for got, at af denne Fundation skal forfærdiges trende ligelydende Exemplaria, hvilke Vi alle med VORES KONGELIGE HAAND ville underskrive, samt med det kongelige Segl bekræfte: Der af Vi det eene Selv Allernaadigst beholder i Vor Forvaring, det andet indlægges i det Danske Cancellie og det tredie leveres til Rectorem og Professores, at bevares ved Universitetet, til deres og deres Efterkommeres Allerunderdanigste Efterretning og Efterlevelse til evig Tid. Thi byde vi hermed og befale, den af Os paa nærværende Tiid Allernaadigst beskikkede Patron for meer bemeldte Vores kongelige Universitet, allerunderdanigst at lade sig være angelegen, at denne Vores Allernaadigste Villie og Befaling, som i ovenskrevne Fundation er indbefattet, bliver med forderligste og saa snart muligt er, i værk satt og bragt i den af Os forynskte Stand og Fuldkommenhed; og der efter bestandigen, saa vel som alle efterkommende Patroni Universitatis, at have et vaaget Øye over alt hvad her udi er anordnet, at det saaledes bliver ved Magt holden, uden nogen Afgang, Misbrug eller Forsömmelse i nogen Maade. Ligeledes Vi og saa alvorligen befale Rector og Professores i vores Universitet, at de med alle deres underhavende Suppositis, være sig Doctores, Magistri, Præpositus Communitatis, Studiosi, samt Ministri Academiæ og alle andre under meerbemelte Universitet sorterende, denne vores Fundation i alle Puncter, Articler og Ord, med een Allerunderdanigst lydighed, og med störste Nidkierhed og Troeskab af deres yderste Kraft efterleve saaledes, som de for GUD og OS ville være Ansvarige; Og i alle Maader see derhen, at den studerende Ungdom ingenlunde vorder forsömmet, men forsvarligen i Agt taget og til GUDS Kirkes, vores og vore Riigers og Landets Tieneste grundigen oplæres i den Sande GUDS FRYGT, samt udi alle gode og Nyttige Videnskabers Lærdom og U-ophørige Övelse. Endeligen befale Vi ogsaa Biskoperne i Danmark og Norge, samt paa Island, saa meget af denne Fundation, som dennem, i Henseende til Kirkerne, Skolerne og Studiosos i Stifterne, vedkommer, og dennem skal vorde Communiceret, enhver i sit Stift at foranstalte, og tillige med alt hvad dennem forhen af deslige Ting, i Kraft af Vores Allernaadigste Lov, paalægger Allerunderdanigst at efterleve. Forbydendes alle og enhver herimod at handle eller i nogen Maade Forfang at giore, under Vor Hyldest og Naade. Givet paa Vort Slot FRIDERICHSBERG DEN EN OG TREDIVTE MARTII ANNO ET TUSINDE SYV-HUNDREDE TREDIVE OG ANDET.

UNDER VOR KONGELIGE HAAND OG SIGNET
CHRISTIAN R.

Rosenkrantz

(I Sæll. Reg. er Fundatsen ikke indført paa sin kronologiske Plads, men ved Aarets Slutning Fol. 815—20, og da her ikke var Plads til hele Dokumentet, er det fortsat Fol. 402—05 og Fol. 366. Efter Cancelliregistranten og det hertil som Bilag bevarede Exemplar er rettet enkelte ubetydelige Fejl i det originale Exemplar i Universitetets Arkiv, som er lagt til Grund for Udgaven, ligesom Interpunktionen et Par Steder, hvor den kunde virke vildledende, er lempet.) [II]

[II]Anmerkung von Norvin

Quellenverzeichnis

[1] Chr.VI (5, Stiftungsbrief)

[2] Norvin (22, Christian VI's Fundats, 1732,31. Marts, S. 113-151)

[3] Sørensen (28, Arndal, Steffen 'Die Aufklärung' - S. 154ff)

[4] Sørensen (28, Arndal, Steffen 'Die Aufklärung' - S.158)

[5] Sørensen (28, Arndal, Steffen 'Die Aufklärung' - S.161ff)

[6] Petschenig (24, Stowasser, S.376)

[7] Wikipedia (30, Pietismus)

[8] Neumann (20, Einleitung, S. VIII)

[9] Neumann (20, Egerland, Herbert, S. 14)

[10] Neumann (20, Friedrich, Martin, S. 33)

[11] Neumann (20, Friedrich, Martin, S. 42)

[12] Menck (18, Hinrichs, 1941, (S. 562),S.2)

[13] Menck (18, Einleitung, S. 3)

[14] Menck (18, Die Erziehungs des Willens, S. 30)

[15] Menck (18, Die Pflege des Verstandes, S. 31)

[16] Neumann (20, Loch, Werner, S. 159)

[17] Chr.VII (6, Titelblatt)

[18] Meyer (19, Altona S.583)

[19] Hoffmann (12, Politik und Geistesleben in Altona)

[20] Schütt (27, Hamburg 1710-1719, S.144)

[21] Brockhaus (4, Altona, S. 62f)

[22] Jespersen (13, Frederik IV.s sidste 10 år, S. 318)

[23] Jespersen (13, Frederik IV.s sidste 10 år, S. 319)

[24] Feldbæk (8, Christian 6., S. 122)

[25] Gesellschaft für Schleswig-Holsteinische Geschichte (10, Die Gottorfsche Frage)

[26] Bregnsbo (3, Det gottorpske problem, S. 152)

[27] Schütt (27, Hamburg 1530-1539, S. 87)

[28] Konfirmation des Altonaer Schulwesens vom 21.8.1682, Landesarchiv Schleswig Holstein, Abt. 11, Nr. 244a

[29] Cochanski (7, IV. Das Schulwesen, S. 48ff)

[30] Cochanski (7, 5.c. Schulwesen, S. 149)

[31] (Schröder, Lau, Hermann, 200 Jahre Christianeum)

[32] Menck (18, IV. Das Lehramt und die Lehrerbildung, S. 76)

[33] Norvin (22, Udkast tilny Fundats 1691, efter Kongelig Ordre af 7. April, S.83-113)

[34] Menck (18, Menck, Lehramt und Lehrerbildung, S. 76)

[35] Menck (18, Menck, V. Die Auferziehung der Jugend in Ordnung und Liebe)

[36] Norvin (21, Bind 1, Organisation S. 49)

[37] Menck (18, Menck, V.2. Die Ordnung und Ordnungen, S. 95 ff.)

[38] Franckesche Stiftungen (9, http://www.francke-halle.de/main/index2.php?cf=1_2)

[39] Neumann (20, Lost, Kinder in die Gemeinschaft bringen, S. 95ff)

[40] Heß (11, Hess, S.1)

[41] Menck (18, Das Exempel, III.4.a. S. 44)

[42] Menck (18, Der Begriff des Mittels, S. 93)

[43] Oberschelp (23, Das Lehrerbild des hallischen Pietismus, S. 53)

[44] Oberschelp (23, Glauben, S. 54)

[45] Oberschelp (23, Verhaltensweisen, S. 62)

[46] Oberschelp (23, Verhaltensweisen, S. 63)

[47] Andersen (2, Elsner, Bernd, Die Matrikel des Christianeums S.44ff)

[48] Andersen (2, Kopitzsch, Frank, Vom Unterricht... S. 49ff)

[49] Rymatzki (26, Hallischer Pietismus und Judenmission)

[50] Norvin (21, Norvin, S. 235ff)

[51] Norvin (22, Norvin S.120ff)
[52] Løgstrup (16, Løgstrup, Birgit, S.426ff.)
[53] Løgstrup (16, Løgstrup, S. 425)
[54] Menck (18, Menck, Lehramt und Lehrerbildung, S. 75ff)
[55] Oberschelp (23, Oberschelp, S. 161ff)
[56] Menck (18, Menck, S. 87)
[57] Kopitzsch (15, Kopitzsch, S. 723)
[58] 182 (1, 5. Königl. Rescript, S.63 ff)
[59] Rantzau (25, S. 12)
[60] Thyssen (29, Thyssen, S. 575)
[61] Klose (14, Cilano, S. 201)
[62] Kopitzsch (15, Pietismus, S.716 ff)
[63] Norvin (22, Fundats 1539, 10. januar, S.9ff)
[64] Menck (18, Das Lehramt und die Lehrerbildung, S. 75)
[65] Oberschelp (23, Unterrichtsführung, S. 190)
[66] Løgstrup (16, Løgstrup, S. 415)
[67] Andersen (2, Paschen, Ulrich, S.60ff)
[68] Andersen (2, Paschen, Ulrich, S. 68ff)
[69] Andersen (2, Paschen, Ulrich, S. 70)
[70] Melchior et al. (17, Møller-Christensen, S. 52)
[71] Melchior et al. (17, Det medicinske Fakultet, S. 20)
[72] Melchior et al. (17, Møller-Christensen, S. 47)
[73] Norvin (22, Norvin, Band 2, S.113ff)

Abbildungsverzeichnis

Literaturverzeichnis

[1] (1826). *Chronologische Sammlung der in den Jahren 1748 bis 1751 ergangenen königlichen Verordnungen und Verfügungen für die Herzogthümer Schleswig und Holstein, die Herrschaft Pinneberg, Graffschaft und Stadt Altona.* Kiel.

[2] Andersen, U., editor (1988). *250 Jahre Christianeum 1738 - 1988.* Hamburg.

[3] Bregnsbo, Michael und Jensen, K. V. (2004). *Det danske imperium - storhed og fald.* Aschehoug, Viborg.

[4] Brockhaus, F. (1837). *Bilder-Conversations-Lexikon für das deutsche Volk in vier Bänden, Band 1.* Leipzig.

[5] Chr.VI (1744). *Seiner Königl. Majestät von Dännemark und Norwegen Christian des Sechsten allergnädigster Stiftungs-Brief zu dem Seminario Theologico in der Stadt Altona.* Gebr. Burmeister, Altona.

[6] Chr.VII (1773). *Von Seiner Königl. Majestät (Chr. VII) allergnädigst confirmirte Altonaische Gymnasienordnung.* Burmesterschen Schriften, Altona.

[7] Cochanski, D. (1984). *Präsidial- und Oberpräsidialverfassung in Altona 1664 - 1746.* Selbstverlag Verein für Hamburgische Geschichte, Hamburg.

[8] Feldbæk, O. (2003). *Gyldendals og Politikkens Danmarkshistorie, Bind 9 - Den lange Fred - 1700-1800.* Gyldendalske Boghandel, Copenhagen.

[9] Franckesche Stiftungen, editor (2006). *http://www.francke-halle.de/main/index2.php?cf=1_2 Verifiziert 9.11.2006.*

[10] Gesellschaft für Schleswig-Holsteinische Geschichte, editor (2006). *http://www.geschichte-s-h.de/ Verifiziert 9.11.2006.*

[11] Heß, G. (1888). *Übersicht über die Geschichte des königlichen Christianeums zu Altona.* Peter Meyer, Altona.

[12] Hoffmann, P. T. (1940). *Politik und Geistesleben in Altona vom 17. bis 19. Jahrhundert*. Verein für Hamburgische Geschichte, sonderabzug aus der zeitschrift - band xxxix edition.

[13] Jespersen, K. J. (1989). *Danmarks Historie, Bind 3 - Tiden 1648 - 1730*. Gyldendal, Copenhagen.

[14] Klose, O. (1970). *Schleswig-Holsteinisches Biographisches Lexikon*. Karl Wachholtz Verlag, Neumünster.

[15] Kopitzsch, F. (1990). *Aufklärung in Hamburg*. Verlag Verein für Hamburgische Geschichte, Hamburg, 2. ergänzte auflage edition.

[16] Løgstrup, Birgit und Tamm, D. (1991). *Københavns Universitet 1479 - 1979*, volume Bind 1 - Almindelig historie 1479 - 1788. G.E.C.Gads Forlag, København.

[17] Melchior, J. C., Andreasen, E., Brøchner-Mortensen, K., Gjedde, A., Møller-Christensen, V., and Trolle, D., editors (1979). *Københavns Universitet 1479 - 1979*, volume Bind 7 -Det lægevidenskabelige Fakultet. G.E.C.Gads Forlag, København.

[18] Menck, P. (2001). *Die Erziehung der Jugend zur Ehre Gottes und zum Nutzen des Nächsten, Die Pädagogik August Hermann Franckes*. Verlag der Franckeschen Stiftungen Halle im Max Niemeyer Verlag, Tübingen.

[19] Meyer, H. J., editor (1867). *Meyer's neues Konversations-Lexikon, 1. Band*. Bibliographisches Institut, Hildburghausen, 2. auflage edition.

[20] Neumann, Josef N und Sträter, U., editor (2000). *Das Kind in Pietismus und Aufklärung*. Verlag der Franckeschen Stiftungen Halle im Max Niemeyer Verlag, Tübingen.

[21] Norvin, W. (1937). *Københavns Universitet i Reformationens og Orthodoxiens Tidsalder; 1. Bind*. Gyldendal, København.

[22] Norvin, W. (1940). *Københavns Universitet i Reformationens og Orthodoxiens Tidsalder; 2. Bind*. Gyldendal, København.

[23] Oberschelp, A. (2006). *Das Hallesche Waisenhaus und seine Lehrer im 18. Jahrhundert - Lernen und Lehren im Kontext einer frühneuzeitlichen Bildungskonzeption*. Verlag der Franckeschen Stiftungen Halle im Max Niemeyer Verlag, Tübingen.

[24] Petschenig, Michael, D., editor (1971). *Der kleine Stowasser - Lateinisch-deutsches Schulwörterbuch*. G. Freytag Verlag, München.

[25] Rantzau, G. A. (1914). *Jugendaufzeichnungen des Grafen Gregers Christian von Haxhausen über seine Schülerzeit in Altona 1743 - 1746.* Martin Gehrickes Buchdruckerei, Altona.

[26] Rymatzki, C. (2004). *Hallischer Pietismus und Judenmission.* Verlag der Franckeschen Stiftungen Halle im Max Niemeyer Verlag, Tübingen.

[Schröder] Schröder, H., editor. *200 Jahre Christianeum 1738 - 1938.* Hanseatische Verlangsanstalt, Hamburg.

[27] Schütt, E. C., editor (1991). *Die Chronik Hamburgs.* Chronik Verlag, Dortmund.

[28] Sørensen, B. A., editor (1997). *Geschichte der deutschen Literatur, Band 1.* Verlag C.H.Beck, München.

[29] Thyssen, A. P. (1977). *Dansk Præste og Sognehistorie - Bind X - Haderslev Stifts Historie, A. Den Sønderjyske Del.* Haderslev Stifts Historie.

[30] Wikipedia, editor (2006). *http://de.wikipedia.org/wiki/Pietismus Verifiziert 1.10.2006.*

Sekundärliteraturverzeichnis

1. (1801) *Chronologische Sammlung der im Jahre 1769 ergangenen königlichen Verordnungen für die Herzogthümer Schleswig und Holstein, die Herrschaft Pinneberg, Grafschaft Ranzau und Stadt Altona.* Verlag der Königl. Schulbuchhandlung, Kiel.

2. (1804) *Chronologische Sammlung der im Jahre 1757 ergangenen königlichen Verordnungen für die Herzogthümer Schleswig und Holstein, die Herrschaft Pinneberg, Grafschaft Ranzau und Stadt Altona.* Verlag der Königl. Schulbuchhandlung, Kiel.

3. (1845) *Gesetze für die Schüler des Christianeums zu Altona gegeben von der Königl. Schleswig-Holsteinisch-Lauenburgischen Kanzelei.* Hammerich und Lesser.

4. (1845) *Graf C.D. von Blücher-Altona.* Joh.Voigt, Altona

5. (1884) Samling af de for Universitetsforholdene gjældende Retsregler. Gyldendal, Kjøbenhavn

6. Ahlemann, G. L. (1771). *Rede von der Beförderung der Rechtschaffenheit als dem Hauptzweck alles Unterrichts in Gymnasien und gelehrten Schulen.* Gebr. Burmeister, Altona.

7. Bahr, E., editor (1988). *Geschichte der deutschen Literatur, 2 - Von der Aufklärung bis zum Vormärz.* A. Francke Verlag, Tübingen.

8. Benner, D. und Kemper, H. (2003). *Theorie und Geschichte der Reformpädagogik; Teil 1: Die pädagogische Bewegung von der Aufklärung bis zum Neuhumanismus.* Beltz Verlag, Weinheim. 2.Auflage.

9. Benner, D. und Kemper, H. (2003). *Theorie und Geschichte der Reformpädagogik; Teil 2: Die pädagogische Bewegung von der Jahrhundertwende bis zum Ende der Weimarer Republik.* Beltz Verlag, Weinheim.

10. Breuer, M. und Graetz, M. (2000). *Deutsch-jüdische Geschichte in der Neuzeit; Band 1 - 1600 - 1780.* Verlag C.H. Beck, München.

11. Ellehøj, Svend und Grane, Leif; editor (1980) *Københavns Universitet 1479-1979; Bind 4 - Gods, Bygninger, Biblioteker* G.E.C. Gads Forlag, København

12. Eggers, F.H.C. (1831). *Geschichte der ehemaligen großen lateinischen Schule in Altona.* Hammerich- und Lesserschen Buchdruckerei, Altona.

13. Fauerholt Jensen, L.E. (1986). *Danske Kornmål i 1600-tallet.* Odense Universitätsforlag.

14. Flessa, J.A. (1741). *Entwurf der im Königl. Academischen Gymnasio zu Altona anzustellenden Visitation, wie auch des im Königl. Pädagogio und den Vorbereitungs-Classen angeordneten ersten Examinis.* Köngl. Buchdrucker Heinrich Christian Hülle, Altona.

15. Förderverein 'Ottensen-Chronik' e.V. 1994, editor (1994). *Ottensen Chronik.* Ottenser Bürgerverein, Hamburg.

16. Gudme, A.C.(1819). *Die Bevölkerung der beiden Herzogthümer Schleswig und Holstein in Früheren und Späteren Zeiten.* Hammerich und Heinekingschen Buchdruckerei, Altona.

17. Hedinger, B., editor (2000). *C.F. Hansen in Hamburg, Altona und den Elbvororten.* Deutscher Kunstverlag, München, Berlin.

18. Heß, G. (1888). *Übersicht über die Geschichte des königlichen Christianeums zu Altona.* Peter Meyer. Altona.

19. Hørbye, K. und Venge, M. Danmarks Historie Bind 2, Tiden 1340 - 1648, Gyldendal.

20. Krumm, J. (1934). *Der schleswig-holssteinisch-dänische Gesamtstaat des 18. Jahrhunderts (1721-1797).* Verlag J.J. Augustin, Glückstadt.

21. Jacobsen, F.J. (1813). Ueber die Einäscherung der Stadt Altona am 8ten und 9ten Januar 1713. J.F. Hammerich, Altona.

22. König Chr. VII (1773). *Von Seiner Königl. Majestät allergnädigst confirmirte Altonaische Gymnasienordnung.* Burmesterschen Schriften, Altona.

23. Leisering, Dr. W., editor (2004) *Historischer Weltatlas.* Marix Verlag, Wiesbaden.

24. Matzen, H. (1879). *Københavns Universitets Retshistorie 1479 - 1870; Bind 1.* J.H. Schultz.

25. Matzen, H. (1879). *Københavns Universitets Retshistorie 1479 - 1870; Bind 2.* J.H. Schultz.

26. Meycke, C.A. (1767). *Feyerliche öffentliche Rede von der vorzüglichen Würdigkeit der Dänischen Krönung.* Gebr. Burmeister, Altona.

27. Michelsen, A.L.J. (1838). *Ueber die erste holsteinische Landestheilung.* Baurmeister und Griem, Kiel und Eutin.

28. Prätorius, W.C. (1792). *Beschreibung der Königl. Dänischen freyen Grenz- und Handlungs-Stadt Altona und des benachbarten Dänischen Gebietes.* F. Bachmann und J.H. Gundermann, Hamburg.

29. Puttkamer, D.v. (1983). *Landhaus und Landschaftsgarten an der 'Elbchaussee', 1750 - 1840.* Selbstverlag. Bonn.

30. Rattner, J. und Danzer, G. (2004). *Aufklärung und Fortschrittsdenken in Deutschland 1750-1850; Von Kant und Lessing bis Heine und Feuerbach* . Könighausen und Neumann, Würzburg.

31. Schad, M., editor (August 2001), *Macht und Mythos - Das Dänische Königshaus.* Weltbild, Augsburg.

32. Schröder, F.A. (1800) *Anleitung zu einem sokratischkatechetischen Unterricht über den schleswigholsteinschen Landes für Schullehrer.* J.F. Hammerich, Altona.

33. Thestrup, Poul (1999) *Mark og Skilling, Kroner og øre*; Statens Arkiver

34. Wichmann E.H. (1865). *Geschichte Altona's.* Haendcke und Lehmkuhl, Altona.

35. Wissicenus, E. (1850). *Geschichte der alten Dithmarschen auf der Westküste Holsteins.* Verlag Adolph Lange, Altona.